家事事件手続ハンドブック

~家庭裁判所利用術~

矢野輝雄 著

緑風出版

家事審判の手続の主な流れ

家事審判申立書の家庭裁判所への提出
① 家庭裁判所に備え付けている申立書用紙に必要事項を記入し裁判所に指定された書類を添付して申立書受付係に提出します。申立書の提出に際しては、①申立の手数料として「別表第一」（巻末付録1参照）の事件では800円分の収入印紙、「別表第二」（巻末付録2参照）の事件では1,200円分の収入印紙と、②裁判所の指定する種類の郵便切手も提出します。
② 口頭による申立はできませんが、自分で申立書用紙に記入することができない場合には、申立書受付係に申し出て裁判所職員が代筆し申立人の署名と押印をする方法（準口頭申立）も可能です。
③ 家庭裁判所は、「別表第二」の事件の申立があった場合は、申立書写しを相手方に原則として送付をします。

↓

家事審判手続の期日の事件の関係人の呼出し
① 家庭裁判所は、事件の関係人（当事者や審判の結果について利害関係を有する者）を期日（審理をする日時）に呼び出します。
② 家事事件では原則として呼び出しを受けた本人の出頭が必要です。

↓

家事審判手続の期日の実施
① 家庭裁判所は、職権で事実の調査をし（職権探知主義）、家庭裁判所が必要と認める証拠調べをします。家庭裁判所調査官が裁判官の命令により事実の調査をする場合があります。
② 家庭裁判所は、参与員（民間人の専門家）を立ち会わせる場合があります。

③　「別表第二」の事件について審判の申立書を提出した場合でも、家庭裁判所は、当事者の意見を聴いて、いつでも職権で調停手続に付することができます。
④　家庭裁判所は、「別表第二」の事件については、原則として当事者の陳述を聴く必要があります。

審判とその告知
①　家庭裁判所は、審判を受ける当事者その他の利害関係人に審判を告知する必要があります。裁判官は審判に際しては審判書を作成します。
②　審判の効力発生時期は、審判を告知することによって効力を生じます。
③　審判は、即時抗告（不服申立）の期間の満了により確定をします。即時抗告のできる期間は審判事件では審判の告知から2週間以内です。
④　審判に不服がなく確定した場合は、確定判決と同一の効力を有します。

不服申立（即時抗告）
①　審判に不服がある場合は、高等裁判所に対して即時抗告（法律に規定されている場合にだけできる不服申立）をすることができます。
②　即時抗告のできる期間は、審判の告知を受けた日から2週間以内です。
③　高等裁判所の決定に憲法違反や最高裁判所判例の違反があることを理由とする場合には最高裁判所に対する特別抗告や許可抗告ができる場合があります。

家事調停の手続の主な流れ

家事調停申立書の家庭裁判所への提出
① 家庭裁判所に備え付けている申立書用紙に必要事項を記入し裁判所に指定された書類を添付して申立書受付係に提出します。申立の手数料の1,200円分の収入印紙と裁判所の指定する種類の郵便切手も提出します。
② 口頭による申立はできませんが、自分で申立書用紙に記入することができない場合には、申立書受付係に申し出て裁判所職員が代筆し申立人の署名と押印をする方法（準口頭申立）も可能です。
③ 家庭裁判所は、「別表第二」の事件の申立があった場合は、申立書写しを相手方に原則として送付をします。

↓

調停委員会の設置と事件の関係人の呼出し
① 家庭裁判所は、調停機関として裁判官1人と家事調停委員2人以上で構成する調停委員会を設置します。調停委員は、専門的知識を有する者の中から最高裁判所が任命します。裁判官1人だけで行う「単独調停」もあります。裁判官に代わって家事調停官（非常勤の裁判官）が裁判官の職務を行う場合もあります。
② 調停委員会は、事件の関係人（当事者や調停の結果について利害関係を有する者）を期日（審理をする日時）に呼び出します。
③ 家事事件では原則として呼び出しを受けた本人の出頭が必要です。

↓

家事調停手続の期日の実施
① 調停委員会は、職権で事実の調査をし（職権探知主義）、必要と認める証拠調べをします。家庭裁判所調査官が裁判官の命令により事実の調査をする場合があります。

② 申立人が「別表第二」の事件について家庭裁判所に審判の申立書を提出した場合でも、家庭裁判所は、当事者の意見を聴いて、いつでも職権で調停手続に付することができます。
③ 家庭裁判所は、「別表第二」の事件については、原則として当事者の陳述を聴く必要があります。

↓

調停の成立と不成立

① 当事者間に合意が成立し、調停機関が合意を相当と認めて調停調書に記載した場合は、調停が成立したものとして調停手続は終了します。
② 調停成立の効力発生時期は、調停の成立を調停調書に記載した時で、その記載は確定判決（別表第二事件では確定審判）と同一の効力を有します。
③ 調停委員会は、当事者間に合意の成立する見込みのない場合又は成立した合意が相当でない場合には、調停は成立しないものとして事件を終了させることができます。調停不成立の場合は、事件が終了した旨を調停調書に記載します。
④ 「別表第二」の事件について調停不成立の場合は、審判手続に移行しますが、最初の調停申立があった時に審判の申立があったものとみなされます。
⑤ 訴訟の対象となる調停事件については、調停不成立の通知を受けた日から2週間以内に訴えの提起をした場合は、最初の調停申立の時に訴えの提起があったものとみなされます。
⑥ 調停委員会は、事件の性質が調停を行うのに適さないと認めた場合又は当事者が不当な目的でみだりに調停の申立をしたと認める場合は、調停をしないものとして事件を終了させることができます。

はじめに

家事事件手続ハンドブック
～家庭裁判所利用術～

　老親の扶養、離婚、財産分与、遺産の分割のような家庭内の問題で争いが生じた場合は、通常の民事訴訟とは異なる家庭裁判所の家事調停や家事審判の手続によることとされています。家庭裁判所の手続は、貸金返還請求や損害賠償請求のような通常の民事訴訟とは異なり、裁判官の職権により進められますから、当事者としては家庭裁判所での手続の進行を十分に監視しておかないと裁判官の非常識な結論に泣かされることになります。

　家庭裁判所の家事調停や家事審判の対象となる事件を「家事事件」といいますが、その手続は、平成25年から施行された「家事事件手続法」に規定されています。家事事件の種類として、家事事件手続法は150種類を規定していますが、本書では、特に利用することの多い家事事件手続を取り上げたほか、どんな家事事件にも対応することのできる理論と実務について説明をしました。

　裁判官の職権主義の恐怖は、当事者に十分な主張や立証をさせずに非常識な結論を出すことにあります。たとえ誤った結論であっても、国家権力である裁判所の結論によって土地・建物・預金その他の財産を差し押さえられて破産や自殺に追い込まれることにもなりかねません。裁判所の誤った結論は、冤罪による誤判決と同じような悲劇を生みます。このような裁判所の誤った結論を出させないように家事事件の進行を十分に監視しておく必要があるの

です。

　各地の家庭裁判所では、家事事件についての「家事手続案内」を実施していますから、実際に家庭裁判所に申立書を提出する場合には、申立書用紙の交付や申立書の記入の仕方の説明を受けることができます。実際の記入例を「家事手続案内」係で閲覧することもできます。インターネットを利用できる場合は、最高裁判所のホームページの「裁判手続の案内・家事事件」で申立書の書式見本や記入例を見ることもできます。この記入例は、そのまま利用したり一部を修正して利用することもできます。この記入例その他のホームページの要点は本書でも紹介しました。

　本書を便利に活用するには、まず最初に、第1章の家事事件手続の概要と第2章以下の必要部分を読んで家庭裁判所の家事事件案内係で申立書用紙と記載例の交付を受けます。第2章以下に説明のない特殊な申立でも家事事件案内係に説明を依頼すると必要な申立書用紙の交付を受けられます。

　親族間や家庭内の紛争でも、家庭裁判所で扱わない貸金返還請求訴訟、土地建物明渡請求訴訟、土地や建物の所有権確認訴訟、売掛代金請求訴訟、損害賠償請求訴訟のような民事訴訟は金額によって地方裁判所や簡易裁判所で取り扱います。民事訴訟の仕方は、著者の『本人訴訟ハンドブック～知識ゼロからの裁判所利用術』(緑風出版)を参考にしてください。

　本書が、後悔をしない家事事件手続の進行に役立つことを期待しています。
平成27年3月
　　　　　　　　　　　　　　　　　　　　　　　　　　　　著者

目　次●
家事事件手続ハンドブック
~家庭裁判所活用術~

家事事件手続ハンドブック～家庭裁判所利用術～／目次

はじめに……………………………………………………………6

第1章
家庭裁判所の家事事件手続は、どのようにするのですか
13

- **Q1** 家庭裁判所の家事事件とは、どんなものですか………………15
- **Q2** 家事審判と家事調停の手続の流れは、どのようになるのですか……………………………………………………………………20
- **Q3** 家事事件手続と民事訴訟手続は、どのように異なるのですか……………………………………………………………………26
- **Q4** 家事審判の手続は、どのように行われるのですか……………29
- **Q5** 家事調停の手続は、どのように行われるのですか……………40
- **Q6** 人事訴訟とは、どんなものですか………………………………53

第2章
相続や遺言に関する家事事件の申立は、どうするのですか
57

- **Q7** 相続とは、どういうことですか…………………………………59
- **Q8** 相続の放棄や限定承認に関する家事事件の申立は、どうするのですか…………………………………………………………69
- **Q9** 遺言書、遺言執行者、遺留分に関する家事事件の申立は、どうするのですか……………………………………………………75
- **Q10** 相続財産管理人、特別縁故者に関する家事事件の申立は、どうするのですか……………………………………………………80
- **Q11** 失踪宣告、不在者財産管理人選任に関する家事事件の申立

は、どうするのですか 84
Q12 遺産分割、寄与分に関する家事事件の申立は、どうするのですか 88

第3章

親子に関する家事事件の申立は、どうするのですか

93

Q13 養子縁組許可、特別養子縁組成立に関する家事事件の申立は、どうするのですか 95
Q14 未成年後見人、成年後見人に関する家事事件の申立は、どうするのですか 100
Q15 子の氏の変更許可、名の変更許可に関する家事事件の申立は、どうするのですか 105
Q16 養育費請求調停、親権者変更調停に関する家事事件の申立は、どうするのですか 109
Q17 認知調停、離縁調停に関する家事事件の申立は、どうするのですか 113
Q18 扶養請求調停、面会交流調停に関する家事事件の申立は、どうするのですか 116

第4章

夫婦に関する家事事件の申立は、どうするのですか

119

Q19 離婚調停に関する家事事件の申立は、どうするのですか 121

- **Q20** 夫婦関係円満調整調停、婚姻費用の分担請求調停に関する家事事件の申立は、どうするのですか ……………………124
- **Q21** 慰謝料請求調停、財産分与請求調停に関する家事事件の申立は、どうするのですか ……………………128
- **Q22** 年金分割割合、協議離婚無効確認調停に関する家事事件の申立は、どうするのですか ……………………132
- **Q23** 内縁関係調整調停、離婚後の紛争調整調停の家事事件の申立は、どうするのですか ……………………137
- **Q24** 離婚訴訟事件は、どのように進められますか ……………140

第5章

家事事件の強制執行と審判への不服申立は、どうするのですか

157

- **Q25** 家事事件の強制執行は、どうするのですか ………………159
- **Q26** 家事事件の審判に対する不服申立は、どうするのですか……169
- **Q27** 即時抗告の抗告状は、どのように書くのですか。…………173
- **Q28** 家事審判の後に事情の変更のあった場合は、どうするのですか ……………………177

附録1　家事事件手続法の「別表第一」………………………182
附録2　家事事件手続法の「別表第二」………………………189

第1章●
家庭裁判所の家事事件手続は、どのようにするのですか

Q1 家庭裁判所の家事事件とは、どんなものですか

1　家庭裁判所の家事事件とは

(1)　家庭裁判所の家事事件とは、相続の放棄、遺産の分割、離婚、財産分与のような家庭内の問題で争いが生じた場合に、通常の民事訴訟とは異なる家庭裁判所で審理をする家事審判や家事調停の手続によることとされている事件をいいます。通常の民事訴訟とは、例えば、貸金返還請求訴訟、損害賠償請求訴訟をいいますが、これらは請求金額により地方裁判所又は簡易裁判所に訴状を提出して審理が開始されます。家事事件では、家事審判申立書又は家事調停申立書を家庭裁判所に提出します。家事事件は、平成25年1月に施行された「**家事事件手続法**」によって家庭裁判所で審理されます。旧家事審判法は廃止されました。

(2)　家事事件の手続には、①家事審判の手続と②家事調停の手続があります。

①　家事審判の手続では、成年後見の開始、失踪宣告、相続の放棄、限定承認、子の氏の変更のような公益的性質の強い事件を扱いますから、当事者の協議や合意による解決は許されず、裁判官の判断（審判）により解決をすることとしています。

②　家事調停の手続では、遺産分割、扶養、離婚、財産分与のような当事者の合意による自主的な解決を図るのに適した事件を扱いますから、その手続は、裁判官又は家事調停官（非常勤の裁判官）と民間から選ばれた家事調停委員が当事者の言い分を聞いて解決のためのあっせんをします。

(3)　家事事件の種類は、大別すると次の3種類に分けられます。

①　家事事件手続法の「別表第一」の事件（審判だけで扱われる事件で、例えば、成年後見の開始、失踪宣告、子の氏の変更その他の134種類が列挙されています。巻末附録1参照）

②　家事事件手続法の「別表第二」の事件（調停でも審判でも扱われる事件で、例えば、婚姻費用の分担、財産分与、遺産の分割その他の16種類が列

挙されています。巻末附録2参照）
   ③　その他の家事調停事件（人事訴訟法の対象となる事件その他の調停だけで扱われる事件で、例えば、離婚、離縁、認知、婚姻無効のような訴えを提起する場合には、まず家庭裁判所に家事調停の申立をする必要があります）
(4)　**家事審判事件**とは、次の事件をいいます。
   ①　家事事件手続法「別表第一」に掲げる事件（別表第一事件）（巻末附録1）
   ②　家事事件手続法「別表第二」に掲げる事件（別表第二事件）（巻末附録2）
家事調停事件とは、次の事件をいいます。
   ①　家事事件手続法「別表第二」に掲げる事件（別表第二事件）（巻末附録2）
   ②　人事訴訟事件（例えば、婚姻の無効・取消、離婚、認知、養子縁組の無効・取消、離縁その他の人事訴訟法2条に規定する事件）
   ③　一般調停事件（民事訴訟の対象にもなる離婚慰謝料（りこんいしゃりょう）、婚約不当破棄慰謝料、不倫慰謝料、遺産分割無効確認、共有物の分割その他の家庭内の紛争事件）
   ④　家事調停の対象となるが、審判や訴訟の対象とならない事件（例えば、夫婦関係円満調整、親族間円満調整、婚約履行請求その他の当事者の任意履行に期待する事項）

2　家庭裁判所とは

(1)　家庭裁判所とは、次の権限を有する裁判所をいいます（裁判所法31条の3）。
   ①　家事事件手続法で定める家庭に関する事件の審判と調停
   ②　人事訴訟法で定める人事訴訟の第一審の裁判
   ③　少年法で定める少年の保護事件の審判
   ④　他の法律で特に定めたもの
(2)　裁判所の種類には、次の5種類がありますが、家庭裁判所は、地方裁判所と同格ですから、家庭裁判所の審判（一種の裁判）についての不服申立は高等裁判所に行います。
   ①　最高裁判所
   ②　高等裁判所
   ③　地方裁判所
   ④　家庭裁判所

⑤　簡易裁判所
(3)　家庭裁判所の所在地は、全国の都道府県庁所在地とその他の主な都市に置かれていますが、家庭裁判所の「家事手続案内」を利用する場合は、NTTの職業別電話帳により所在場所と電話番号を確認します。家事審判や家事調停の申立書を提出する家庭裁判所（管轄裁判所）は、事件の種類ごとに決められています。

3　家事事件手続法で定める家庭に関する事件とは

　　家事事件手続法で定める家庭に関する事件（家庭裁判所の家事審判や家事調停の対象となる事件）は、次例のＡＢＣの通り3種類に分けられます。
　Ａ　家事審判手続だけで扱われる事件の例（別表第一事件）（巻末附録1参照）
　　①　成年後見開始、保佐開始、補助開始に関する事件
　　②　失踪宣告に関する事件
　　③　子の氏の変更に関する事件
　　④　未成年者の養子縁組に関する事件
　　⑤　特別養子縁組に関する事件
　　⑥　死後離縁に関する事件
　　⑦　未成年後見人の選任・解任に関する事件
　　⑧　相続の放棄、相続の限定承認に関する事件
　　⑨　遺言書の検認、遺言執行者の選任に関する事件
　　⑩　任意後見契約に関する事件
　Ｂ　家事調停手続でも家事審判手続でも扱われる事件の例（別表第二事件）（巻末附録2参照）
　　①　夫婦間の協力扶助に関する事件
　　②　婚姻費用の分担に関する事件
　　③　離婚の場合の財産分与に関する事件
　　④　子の監護に関する事件
　　⑤　親権者の指定又は変更に関する事件
　　⑥　扶養の順位の決定、その決定の変更・取消に関する事件
　　⑦　扶養の程度・方法の決定、その決定の変更・取消に関する事件

⑧　相続の場合の祭具等の所有権の承継に関する事件
　　⑨　遺産の分割、遺産の分割の禁止に関する事件
　　⑩　寄与分を定める処分に関する事件
　Ｃ　家事調停手続だけで扱われる事件
　　上記の』Ａ及びＢ以外の一切の家事事件（例えば、①人事訴訟法に規定する離婚事件・離縁事件・認知事件、②離婚慰謝料その他の民事訴訟の対象ともなる家庭内の事件、③夫婦間・親族間円満調整事件その他の審判や訴訟の対象とならない事件）

4　家庭裁判所への申立の手数料の収入印紙

(1)　家庭裁判所への申立の手数料の収入印紙は、次の通りになっています。
　①　上記Ａ（別表第一事件）の「審判だけで扱われる事件」の手数料は１件につき800円分の収入印紙
　②　上記Ｂ（別表第二事件）の「調停手続でも審判手続でも扱われる事件」の手数料は１件につき1,200円分の収入印紙
　③　上記Ｃの「調停手続だけで扱われる事件」の手数料は１件につき1,200円分の収入印紙
(2)　申立書の提出に際しては、上記の収入印紙のほかに家庭裁判所の指定する種類の郵便切手も提出する必要があります。
(3)　家事事件手続法39条は、審判事項について、家庭裁判所は、家事事件手続法の「別表第一」と「別表第二」に掲げる事項その他について審判をすると規定し、同法244条は、家庭裁判所は、人事訴訟法２条に規定する事件その他家庭に関する事件（別表第一の事件を除く）について調停や審判を行うとしています。
　　家事事件手続法244条の規定により調停を行うことができる事件について訴えを提起しようとする者は、まず家庭裁判所に家事調停の申立をする必要があります。これを「調停前置主義」といいます。家事調停が不成立の場合に家庭裁判所で人事訴訟を提起することができるのです。人事訴訟には次の例があります（人事訴訟法２条）。
　①　離婚の訴え、婚姻の無効・取消の訴え
　②　離縁の訴え、養子縁組の無効・取消の訴え

③ 認知の訴え、嫡出否認の訴え

5 家庭裁判所の管轄
(1) 家事調停や家事審判の申立書を提出する家庭裁判所（管轄裁判所）は、事件の種類ごとに家事事件手続法により次例のように決められています。管轄とは、特定の事件について、どの裁判所が裁判権を行使するのかという分担をいいます。家庭裁判所の「家事手続案内」係で申立書用紙の交付を受ける際に管轄裁判所を確認しておきます。
  ① 成年後見開始、保佐開始、補助開始では、これらの審判を受ける本人の住所地の家庭裁判所
  ② 子の氏の変更では、子の住所地の家庭裁判所
  ③ 未成年者の養子縁組では、養子となる者の住所地の家庭裁判所
  ④ 未成年後見人の選任・解任では、未成年者の住所地の家庭裁判所
  ⑤ 相続の放棄、相続の限定承認、遺言書の検認、遺言執行者の選任では、相続開始地（被相続人の最後の住所地）の家庭裁判所
  ⑥ 夫婦間の協力扶助、婚姻費用の分担、離婚の場合の財産分与、慰謝料請求の調停では、相手方の住所地の家庭裁判所又は当事者が合意で定める家庭裁判所
  ⑦ 子の監護者の指定、子の養育費請求、認知の調停では、相手方の住所地の家庭裁判所又は当事者が合意で定める家庭裁判所
  ⑧ 扶養の請求の調停では、相手方の住所地の家庭裁判所又は当事者が合意で定める家庭裁判所
  ⑨ 遺産の分割の調停では、相手方のうちの一人の住所地の家庭裁判所又は当事者が合意を定める家庭裁判所
  ⑩ 寄与分を定める処分の調停では、(a) 相手方のうちの一人の住所地の家庭裁判所又は当事者が合意を定める家庭裁判所、(b) 遺産分割事件が係属している場合はその係属している家庭裁判所
(2) 複数の家庭裁判所が管轄権を有する場合（例えば、婚姻費用の分担に関する審判又は調停を夫と妻が別の家庭裁判所に申立をした場合）は、先に申立を受けた家庭裁判所の管轄とされます（家事事件手続法5条）。これを「優先管轄」といいます。

Q2 家事審判と家事調停の手続の流れは、どのようになるのですか

1 家事審判の手続の流れ

(1) 家事審判の手続で扱われるのは、家事事件手続法の「別表第一」の事件と「別表第二」の事件とされています（巻末附録1及び巻末附録2参照）。「別表第一」の事件は、審判だけで扱われる事件ですが、「別表第二」の事件は、審判でも調停でも扱われる事件とされています。「別表第二」の事件は、通常は、最初に調停の申立がなされ、調停が成立しなかった場合に審判手続に移行し、審判によって結論が示されることになります。「別表第二」の事件について最初に審判の申立をした場合でも、家庭裁判所は、当事者の意見を聴いて、いつでも職権で家事調停手続に付することができます（家事事件手続法274条1項）。各手続の詳しい流れは、2～5頁を参照して下さい。Q4とQ5で手続の詳細を説明します。

(2) 家事審判の手続の主な流れは、次のようになります（2～3頁参照）。家事審判は、家庭裁判所が事実認定を行い、それに基づいて国家の後見的な立場から判断をします。

家事審判申立書の家庭裁判所への提出　→　家事審判手続の期日の事件の関係人の呼出し　→　家事審判手続の期日の実施　→　審判とその告知　→　不服申立（即時抗告）

2 家事調停の手続の流れ

(1) 家事調停の手続で扱われるのは、人事に関する訴訟事件その他家庭に関する事件（家事事件手続法の「別表第一」に掲げる事項についての事件を除く）とされていますから、結局、①家事事件手続法の「別表第二」の事件と②人事に関する訴訟事件その他家庭に関する事件ということになります。

「別表第二」の事件については、通常最初に調停申立をしますが、最初に審判の申立をした場合でも、家庭裁判所は、当事者の意見を聴いて、いつでも職権で家事調停手続に付することができます（家事事件手続法274条1項）。
(2)　家事調停の手続の主な流れは、次のようになります（4～5頁参照）。家事調停の制度は、家庭裁判所のあっせんにより当事者間の合意による自主的な解決を図る制度です。

家事調停申立書の家庭裁判所への提出　→　調停委員会の設置と事件の関係人の呼出し　→　家事調停手続の期日の実施　→　調停の成立と不成立

3　家事審判申立書と家事調停申立書の書式例
(1)　家事事件手続法の「別表第一」の審判事件について、家庭裁判所で特別の書式を定めていない場合には、22頁以降の一般の「**家事審判申立書**」用紙を使用します。特別の書式の例には、相続の放棄の申述、相続の限定承認の申述、未成年後見人の選任がありますが、申立人が記入しやすいように特別の簡単な書式になっています。特別の書式があるかどうかは家庭裁判所の「家事手続案内」係に聞きます。いずれの申立書用紙も家庭裁判所の「家事手続案内」係で無料で交付されます。
(2)　家事事件手続法の「別表第二」の事件について審判又は調停の申立をする場合や人事訴訟事件その他の家庭に関する事件について調停の申立をする場合は、家庭裁判所で特別の書式を定めていない場合には、24頁以降の一般の「**家事調停・審判申立書**」用紙を使用します。特別の書式の例には、養育費請求調停、子との面会交流調停、遺産分割調停があり、申立人が記入しやすいように特別の簡単な書式になっています。
(3)　「家事審判申立書」の書式例は、**22～23**頁の通りです。家事事件手続法の「別表第一」の事件の審判申立に使用します。ただ、特別の書式がある場合には、その用紙を使用します。
(4)　「家事調停・審判申立書」の書式例は、**24～25**頁の通りです。家事事件手続法の「別表第二」の事件の審判申立とその他の調停の申立に使用します。調停又は審判の前の□内にレを記入します。この申立書写し

は、申立の内容を相手方に知らせるために相手方に対して原則として送付されます。特別の書式がある場合には、その用紙を使用します。

受付印	家事審判申立書　事件名（　　　　　　　）
収入印紙　　　　円 予納郵便切手　　円 予納収入印紙　　円	（この欄に申立手数料として1件について800円分の収入印紙を貼ってください。） （貼った印紙に押印しないでください。）

準口頭		関連事件番号　平成　　年（家　）第　　　　　　　　　　　号

家庭裁判所 　　　　　　　御中 平成　　年　　月　　日	申　立　人 （又は法定代理人など） の記名押印	印

添付書類	（審理のために必要な場合は、追加書類の提出をお願いすることがあります。） 申立人の戸籍謄本（全部事項証明書）　　　　　　通 不在者の戸籍謄本（全部事項証明書）　　通　　不在者の戸籍附票　　通

申立人	本　籍 （国籍）	都道 府県		
	住　所	〒　　－	電話　（　　） （　　　　　方）	
	連絡先	〒　　－ （注：住所で確実に連絡できるときは記入しないでください。）	電話　（　　） （　　　　　方）	
	フリガナ 氏　名		大正 昭和　　年　月　日生 平成 （　　　　　　歳）	
	職　業			

※ 不在者	本　籍 （国籍）	都道 府県	
	最後の 住　所	〒　　－	電話　（　　） （　　　　　方）
	連絡先	〒　　－	電話　（　　） （　　　　　方）
	フリガナ 氏　名		大正 昭和　　年　月　日生 平成 （　　　　　　歳）
	職　業		

（注）　太枠の中だけ記入してください。
　　　※の部分は、申立人、法定代理人、成年被後見人となるべき者、不在者、共同相続人、被相続人等の区別を記入してください。

別表第一（1/　）

申　立　て　の　趣　旨

申　立　て　の　理　由

別表第一（　/　）

この申立書の写しは、法律の定めるところにより、申立ての内容を知らせるため、相手方に送付されます。

	受付印	□ 調停 家事　　　申立書　事件名（　　　　　） □ 審判
収入印紙　　　　円 予納郵便切手　　円		（この欄に申立て1件あたり収入印紙1,200円分を貼ってください。） （貼った印紙に押印しないでください。）

	家庭裁判所 御中 平成　年　月　日	申立人 （又は法定代理人など） の記名押印	印

添付書類	（審理のために必要な場合は、追加書類の提出をお願いすることがあります。）	準口頭

申立人	本籍（国籍）	（戸籍の添付が必要とされていない申立ての場合は、記入する必要はありません。） 　　　　　　都　道 　　　　　　府　県
	住所	〒　　－　　　　　　　　　　　　　　　　　　　　（　　　　方）
	フリガナ 氏名	大正 昭和　　　年　月　日生 平成 （　　　歳）

相手方	本籍（国籍）	（戸籍の添付が必要とされていない申立ての場合は、記入する必要はありません。） 　　　　　　都　道 　　　　　　府　県
	住所	〒　　－　　　　　　　　　　　　　　　　　　　　（　　　　方）
	フリガナ 氏名	大正 昭和　　　年　月　日生 平成 （　　　歳）

（注）太枠の中だけ記入してください。

別表第二，調停（　／　）

この申立書の写しは、法律の定めるところにより、申立ての内容を知らせるため、相手方に送付されます。

申　立　て　の　趣　旨

申　立　て　の　理　由

別表第二，調停（　／　）

Q3 家事事件手続と民事訴訟手続は、どのように異なるのですか

1 家事事件に弁論主義のルールは適用されない
(1) 民事訴訟では、判決の基礎となる事実の主張や証拠の収集を当事者（原告と被告）の責任とする弁論主義を採用しています。しかし、家事事件では、事実の調査や証拠調べを家庭裁判所の職権とする職権主義（職権探知主義）を採用しています。民事訴訟と家事事件との相違をよく理解しておかないと家事事件で泣くことになります。平成25年1月施行の家事事件手続法によって、旧家事審判法の場合よりは改善されています。
(2) 民事訴訟の弁論主義のルールは次の3つに要約されます。
　① 裁判所は、当事者間に争いのある事実を認定するには、当事者の申し出た証拠による必要があります（職権証拠調べの禁止の原則）。
　② 裁判所は、当事者間に争いのない事実については、そのまま判決の基礎とする必要があります。
　③ 裁判所は、当事者の主張しない事実を判決の基礎とすることはできません。
(3) 一方、家事事件では、次の通り職権主義（職権探知主義）を採用しています。
　① 家庭裁判所は、その職権で事実の調査や証拠調べができます。家庭裁判所調査官は、裁判官の命令により事実の調査をして裁判官に報告し、その報告が証拠となります。
　② 事実の調査や証拠の収集を当事者の意思に委ねず、裁判所の権限と責任で行います。この職権主義が誤った結論を出す原因となっています。

2 家事事件に口頭弁論のルールは適用されない
(1) 口頭弁論とは、当事者が期日（審理をする日時）において公開の法廷で、口頭で当事者の弁論（主張の陳述）や証拠調べを行う手続をいいます。

口頭弁論のルールには、次の①公開主義、②双方審尋主義（そうほうしんじんしゅぎ）、③口頭主義、④直接主義の4つの原則があります。
- ①　公開主義とは、民事訴訟の審理や判決を国民一般が傍聴することができる状態で行う原則をいいます。
- ②　双方審尋主義とは、民事訴訟の審理では当事者双方に主張を述べる機会を平等に与える原則をいいます。当事者対等の原則とか、武器対等の原則ともいいます。
- ③　口頭主義とは、口頭で陳述されたものだけが判決の基礎となり得るとする原則をいいます。口頭審理主義ともいいます。
- ④　直接主義とは、当事者の弁論の聴取や証拠調べを判決をする裁判官自身が行う原則をいいます。

(2)　一方、家事事件では、国民の傍聴を許さない非公開主義を採用しているほか、双方審尋主義、口頭主義、直接主義も適用されません。当事者は、非公開の部屋で質問を受けるに過ぎません。

3　家事事件に証明責任のルールは適用されない

(1)　証明責任とは、民事訴訟において、裁判官がある事実の存否について、いずれとも確信が得られない場合（ある事実の真偽が不明の場合）に、その事実が存在しないものとして扱われることによる一方の当事者の不利益をいいます。証明責任を負う当事者が証明することができなかった場合は、その者が敗訴することになります。例えば、貸金返還請求訴訟で原告が①貸金の返還約束があったこと、②貸金を交付したこと、③合意した弁済期が到来したことを証明できない場合は原告の敗訴となります。証明責任は、一方の当事者（原告又は被告の一方）のみが負うのであって、双方の当事者が同時に証明責任を負うことはありません。

(2)　一方、家事事件では、家庭裁判所の職権で事実の調査と証拠調べをするので証明責任のルールは採用されていません。しかし、当事者は、十分な証拠を提出することをためらってはなりません。

4　家事事件に主張責任のルールは適用されない

(1)　主張責任とは、民事訴訟において、弁論主義によって各当事者は自分

に有利な判決を受けるために証明責任を負う事実について自らが主張をしないと不利益な扱いを受けることになりますが、この不利益のことをいいます。主張責任は証明責任の前提となります。

(2) 一方、家事事件では、弁論主義のルールが採用されていないので自由な主張が制限されます。しかし、当事者は、十分な主張をすることをためらってはなりません。例えば、裁判所から提出を求められなくても、自分に有利な証拠を提出し、主張を書面で述べることが大切です。自由な主張が制限されることが誤った結論を出す原因となっています。

5 その他の民事訴訟と家事事件との相違

(1) 民事訴訟の民事事件記録は、誰でも書記官に対して閲覧を請求することができますが、家事事件記録は、当事者からの閲覧許可申請により不許可事由に該当しない限り閲覧することができます。閲覧できない場合もあります。

(2) 民事訴訟では、二当事者（原告と被告）対立主義を採用していますが、家事事件では、二当事者の対立を前提としていません。

(3) 民事訴訟では、判決をした裁判所も判決に拘束されますが（判決の自己拘束力）、家事事件では、審判について事情の変更により取消や変更ができます。例えば、家事審判で老親の扶養料として月額30万円を支払っていた会社役員の長男の会社が倒産して支払い不能となったような場合です。

(4) 民事事件の不服申立は、控訴（二審）、上告・上告受理申立（三審）となりますが、家事事件では、即時抗告（二審）、特別抗告・許可抗告（三審）となります。

Q4 家事審判の手続は、どのように行われるのですか

1 家事審判の手続とは

(1) 家事審判の手続とは、家事事件手続法の「別表第一」の事件と「別表第二」の事件の手続をいいます（巻末附録1及び巻末附録2参照）。「別表第一」の事件は、審判だけで扱われるのに対して、「別表第二」の事件は、審判でも調停でも扱われます。いずれも家庭裁判所の手続によります。

(2) 「別表第一」の事件とは、例えば、成年後見の開始、成年後見人の選任、子の氏の変更についての許可、相続の放棄や限定承認の申述の受理、遺言書の検認、遺言執行者の選任のような公益的性質の強い134種類の事件をいいます。「別表第一」の事件は、当事者が対立して争うような性質の事件ではありませんから、当事者の合意による調停の手続は考えられないので家庭裁判所の裁判官の審判によってのみ処理されます。

(3) 「別表第二」の事件とは、例えば、婚姻費用の分担、財産の分与、親権者の指定又は変更、扶養の順位の決定とその決定の変更又は取消、遺産の分割のような当事者の合意による自主的な解決を図ることのできる16種類の事件をいいます。「別表第二」の事件は、**審判でも調停でも扱われますが**、通常は最初に調停の申立がなされ、調停が成立しなかった場合に審判に移行し、審判により結論が示されることになります。「別表第二」の事件について最初に審判の申立をした場合でも、家庭裁判所は、当事者の意見を聴いて、いつでも職権で調停に付することができます（家事事件手続法274条1項）。

2 家事審判申立書の家庭裁判所への提出

(1) 申立人は、家庭裁判所に備え付けている家事審判申立書用紙に必要事項を記入し裁判所に指定された書類を添付して申立書受付係に提出します。添付書類は事件の内容によって異なりますが、例えば、戸籍謄本

（戸籍の全部の証明書）、住民票、財産目録、不動産登記簿謄本のような書類があります。申立書用紙には一般の家事審判申立書用紙のほかに事件の内容に応じた特別の書式がありますから、特別の書式のある場合にはそれを使用します。申立書を提出する裁判所は、事件の内容によって決まっています。

(2)　家事審判申立書を提出する際には、①申立の手数料として「別表第一」の事件では800円分の収入印紙、「別表第二」の事件では1,200円分の収入印紙と、②提出先の家庭裁判所の指定する種類の郵便切手も同時に提出します。収入印紙に消印をしてはなりません。収入印紙は貼らずに申立書受付係に手渡します。

(3)　申立書の記入事項は事件の内容によって異なりますが、主な記入事項は、①申立人の氏名・住所・本籍その他、②相手方のある場合は相手方の氏名・住所・本籍その他、③申立の趣旨、④申立の理由となっています。

(4)　口頭による申立はできませんから、申立人が自分で申立書用紙に記入することができない場合には、申立書受付係に申し出て裁判所職員が代筆し申立人の署名と押印をする方法も可能です。この方法を準口頭申立といいます。

(5)　家庭裁判所は、「別表第二」の事件の申立があった場合は、申立が不適法である場合又は申立に理由がないことが明らかな場合を除き、申立書の写しを相手方に送付する必要があります。ただし、例えば、相手方の感情を過度に刺激するような記載があって、審判手続の円滑な進行を妨げるおそれがあると認められる場合は、審判の申立があったことを通知することをもって、申立書の写しの送付に代えることができるとしています（家事事件手続法67条1項）。

(6)　「別表第二」の事件について審判の申立があった場合でも、家庭裁判所は、当事者の意見を聴いて、いつでも職権で、事件を調停に付することができます（家事事件手続法274条1項）。

(7)　当事者参加の制度として次の通り規定されています（家事事件手続法41条）。
　①　当事者となる資格を有する者は、当事者として家事審判の手続に参

加することができます。
② 家庭裁判所は、相当と認める場合は、当事者の申立により又は裁判所の職権で、他の当事者となる資格を有する者（審判を受ける者となるべき者）を当事者として審判手続に参加させることができます。例えば、遺産分割のような相続人全員が当事者となる事件があります。
(8) 利害関係参加の制度として次の通り規定されています（家事事件手続法42条）。
① 審判を受ける者となるべき者は、家事審判の手続に参加することができます。
② 審判を受ける者となるべき者以外の者であって、審判の結果により直接の影響を受けるもの又は当事者となる資格を有するものは、家庭裁判所の許可を得て、家事審判の手続に参加することができます。例えば、親権者の指定の審判における子があります。
③ 家庭裁判所は、相当と認める場合は、職権で、審判を受ける者となるべき者又は上記②に規定する者を家事審判の手続に参加させることができます。

「審判を受ける者」とは、審判により自分の法律関係が形成される者をいいます。例えば、後見開始の審判による成年被後見人、親権喪失の審判による親権を喪失する親権者をいいます。

3　家事審判手続の期日の事件の関係人の呼出し

(1) 家庭裁判所は、家事審判手続の期日（審理をする日時）に事件の関係人（当事者や審判の結果に利害関係を有する者）を呼び出すことができます（家事事件手続法51条1項）。
(2) 呼び出しを受けた事件の関係人は、本人が期日に出頭する必要があります。ただし、やむを得ない事由がある場合は代理人（例えば、委任を受けた弁護士、家庭裁判所の許可を受けた者）を出頭させることができます。呼び出しを受けた事件の関係人が正当な理由なく出頭しない場合は、家庭裁判所は、5万円以下の過料（刑罰でない金銭罰）に処するとされています（家事事件手続法51条2項・3項）。
(3) 補佐人（当事者や代理人の付添人）は当事者その他の事件の関係人とと

もに期日に出頭して意見の陳述をすることができますが、弁護士以外の者が補佐人となるには家庭裁判所の許可が必要です（家事事件手続法27条）。
(4)　家庭裁判所は、当事者が遠隔地に居住している場合その他相当と認める場合は、当事者の意見を聴いて、最高裁判所規則で定めるところにより電話会議システム（家庭裁判所と当事者双方が音声の送受信により同時に通話をすることができる方法）によって家事審判期日の手続（証拠調べを除きます）を行うことができます。この手続に関与した者は、期日に出頭したものとみなされます（家事事件手続法54条）。

4　家事審判手続の期日の審理

(1)　家事審判事件は裁判官が取り扱いますから、家事審判手続の期日においては、裁判長が手続を指揮します。裁判長は、発言を許し又はその命令に従わない者の発言を禁止することができます（家事事件手続法52条）。
(2)　家庭裁判所は、裁判所の職権で事実の調査をし（職権探知主義）、申立により又は裁判所の職権で、必要と認める証拠調べをする必要があります。当事者は、事実の調査や証拠調べに協力するものとされています（家事事件手続法56条）。
(3)　家庭裁判所は、「家庭裁判所調査官」に事実の調査をさせることができます。家庭裁判所調査官は、事実の調査の結果を書面又は口頭で家庭裁判所に報告しますが、この報告に意見を付することができます（家事事件手続法58条）。家庭裁判所は、必要がある場合は審判手続の期日に家庭裁判所調査官を立ち会わせることができるほか意見を述べさせることもできます（家事事件手続法59条）。
(4)　家庭裁判所は、必要な調査を国の機関、自治体の機関その他の適当と認める者に嘱託（依頼）し、又は銀行、信託会社、関係人の使用者その他の者に対し関係人の預金、信託財産、収入その他の事項に関して必要な報告を求めることができます（家事事件手続法62条）。
(5)　家庭裁判所は、参与員（民間の専門家）の意見を聴いて審判をしますが、相当と認める場合は、その意見を聴かないで審判をすることができます（家事事件手続法40条）。

(6) 証拠調べの手続は一部に民事訴訟法の規定を準用していますが、証拠調べは非公開で行われ、家庭裁判所の職権による職権探知主義に反する民事訴訟法の規定は準用されません。例えば、民事訴訟の弁論主義は適用されないので、裁判所において当事者の自白した事実や顕著な事実は証明を要しないとの規定は適用されません。例えば、当事者が自分に不利益な事実を認めた場合や、証明を要しない事実についても民事訴訟法の規定を準用しないのです。

(7) 「別表第二」の審判事件については次の特則が定められています。

① 家庭裁判所の管轄が家事事件手続法に定める裁判所のほか、当事者の合意で定める家庭裁判所の管轄も含まれます（家事事件手続法66条）。合意管轄といいます。

② 家庭裁判所は、申立が不適法である場合又は申立に理由がないことが明らかな場合を除いて、当事者の陳述を聴く必要があります（家事事件手続法68条）。

③ 家庭裁判所が期日を開いて当事者の陳述を聴くことにより事実の調査をする場合には、他の当事者は、当該期日に立ち会うことができます。ただし、他の当事者が立ち会うことにより事実の調査に支障を生ずるおそれがあると認められる場合は除かれます（家事事件手続法69条）。

④ 家庭裁判所は、事実の調査をした場合には、特に必要がないと認める場合を除いて、その旨を当事者と利害関係参加人に通知する必要があります（家事事件手続法70条）。

⑤ 家庭裁判所は、審理の終結に際して相当の猶予期間を置いて審理を終結する日を定める必要がありますが、当事者双方が立ち会うことのできる期日においては直ちに審理を終結する旨を宣言することができます。審理を終結した場合は、審判をする日を定める必要があります（家事事件手続法71条・72条）。

5 家事審判と申立の取下げ

(1) 家庭裁判所は、家事審判事件が裁判をするのに熟した場合は審判（一種の裁判）をします。家庭裁判所は、家事審判事件の一部が裁判をする

のに熟した場合は、その一部について審判をすることができます（家事事件手続法73条）。
(2) 審判の告知とその効力は次の通りとなります（家事事件手続法74条）。
　① 審判は、当事者及び利害関係参加人並びにこれらの者以外の審判を受ける者に対して相当と認める方法で告知する必要があります。
　② 審判は、審判を受ける者（複数の場合はその中の一人）に告知することにより効力を生じますが、即時抗告（審判に対する不服申立）のできる審判は確定しなければ効力を生じません。
　③ 申立を却下（不適法とする判断）する審判は、申立人に告知することにより効力を生じます。
　④ 審判は、即時抗告（審判に対する不服申立）のできる期間（2週間）の満了前には確定しません。審判の確定は、即時抗告の提起によって遮断されます。
(3) 審判の執行力（強制的に実現できる効力）については、金銭の支払、物の引渡、登記義務の履行その他の給付を命ずる審判は、執行力のある債務名義（強制執行のできる権利の範囲や当事者を表示した公文書）と同一の効力を有します（家事事件手続法75条）。
(4) 審判には、原則として審判書を作成する必要があります。審判書には、①主文、②理由の要旨、③当事者と法定代理人、④裁判所名を記載する必要があります。即時抗告をすることができない審判、例えば、相続放棄の申出の受理の審判については、申立書又は期日の調書に主文を記載することをもって審判書の作成に代えることができます（家事事件手続法76条）。
(5) 家庭裁判所は、審判に計算違い、誤記その他これらに類する明白な誤りがある場合には、裁判書を作成して、いつでも更正決定をすることができます（家事事件手続法77条）。
(6) 審判の取消又は変更については次の通りとされています（家事事件手続法78条）。
　① 家庭裁判所は、審判をした後、その審判を不当と認める場合は、次の(a)、(b)の審判を除いて、職権で、これを取り消し又は変更をすることができます。例えば、その審判が著しく正義に反すると認められる

場合があります。それは、(a)、(b)を除外しないと制度の趣旨が失われるからです。
　　(a)　申立によってのみ審判をすべき場合において申立を却下した審判
　　(b)　即時抗告をすることができる審判
　②　審判が確定した日から5年を経過した場合は、家庭裁判所は、上記①の取消や変更をすることはできません。ただし、事情の変更によって、その審判を不当と認めるに至った場合は、取消や変更をすることができます。
　③　家庭裁判所は、上記①の規定により審判の取消又は変更をする場合には、その審判における当事者やその他の審判を受ける者の陳述を聴く必要があります。
　④　上記①の規定による取消又は変更の審判に対しては、取消後又は変更後の審判が原審判（不服の対象となる審判）であるとした場合に即時抗告（不服申立）をすることができる者に限り、即時抗告をすることができます。両方の審判は実質においては違いはないことから、即時抗告権を認めたものです。
(7)　家事審判の申立は、審判があるまで、その全部又は一部を取り下げることができます。「別表第二」の事件の申立は、審判の確定するまで、その全部又は一部を取り下げることができますが、申立の取り下げは、審判のなされた後にあっては、相手方の同意を得なければ効力を生じません（家事事件手続法82条）。相手方の利益も保護する必要があるからです。

6　不服申立（即時抗告）

(1)　審判に対する不服申立は、次の通りとされています（家事事件手続法85条・86条）。
　①　審判に対しては、法律に特別の規定がある場合に限り、即時抗告（一定の期間内にする不服申立）をすることができます。ただ、手続費用の負担の裁判に対しては、独立して即時抗告をすることはできません。
　②　審判に対する即時抗告は、特別の定めのある場合（例えば、原裁判所が即時抗告を却下した審判に対する即時抗告では1週間以内）を除き、審判

の告知を受けた日から2週間以内にしなければなりません。
③　即時抗告の期間の起算日は、特別の定めのある場合を除き、即時抗告をする者が、①審判の告知を受ける者である場合には、審判の告知を受けた日から進行し、②審判の告知を受ける者でない場合には、申立人が審判の告知を受けた日から進行します。

(2)　即時抗告の手続は、次の通りとされています（家事事件手続法87条）。
①　即時抗告は、抗告状を原裁判所（不服申立の対象となる審判をした裁判所）に提出してする必要があります。
②　抗告状には、①当事者と法定代理人（例えば、成年後見人）、②原審判の表示とその審判に対して即時抗告をする旨を記載する必要があります。
③　即時抗告が不適法で、その不備を補正することができないことが明らかである場合は、原裁判所は、これを却下（不適法とする判断）する必要があります。この却下の審判に対しては、即時抗告をすることができますが、この即時抗告の期間は1週間以内とされています。
④　抗告状に必要な事項が記載されていない場合や即時抗告の手数料が納付されない場合は、即時抗告は却下されます。

(3)　審判に対する即時抗告があった場合は、抗告裁判所（抗告を審理する高等裁判所）は、即時抗告が不適法である場合又は即時抗告に理由がないことが明らかである場合を除き、原審（不服申立の対象の審判）における当事者と利害関係参加人に対し、抗告状の写しを送付する必要があります。ただし、抗告審の手続の円滑な進行を妨げるおそれがある場合には、即時抗告があったことを通知することをもって、抗告状の写しの送付に代えることができます。裁判長は、写しの送付の費用の予納のない場合には、命令で抗告状を却下する必要があります（家事事件手続法88条）。

(4)　抗告裁判所は、原審の当事者とその他の審判を受ける者の陳述（主張を述べること）を聴かなければ、原審判を取り消すことはできません。「別表第二」の事件においては、抗告裁判所は、即時抗告が不適法である場合又は即時抗告に理由がないことが明らかな場合を除き、原審の当事者の陳述を聴く必要があります（家事事件手続法89条）。

(5)　原裁判所（不服申立の対象となった審判をした裁判所）は、審判に対す

る即時抗告を理由があると認める場合は、その審判を更正（訂正すること）する必要があります。ただし、「別表第二」の事件の審判については、更正することはできません（家事事件手続法90条）。別表第二事件について更正を認めたのでは、一審において当事者が主張し資料を提出した審理が無意味になるからです。

(6) 抗告裁判所は、即時抗告について決定（裁判の一種）で裁判をします。抗告裁判所は、即時抗告を理由があると認める場合には、家事審判事件について自ら審判に代わる裁判をする必要があります。ただし、事件を第一審裁判所に差し戻す場合は除かれます（家事事件手続法91条）。

(7) 抗告裁判所は、家事審判事件（別表第二の事件を除く）の全部又は一部が原裁判所の管轄に属しないと認める場合には、原審判を取り消す必要があります。ただし、原審での審理の経過、事件の性質等に照らして取り消さないことを相当とする特別の事情がある場合は原審判を取り消しません（家事事件手続法92条）。家事審判の迅速処理の要請から、取り消さない判断を許容したものです。

(8) 即時抗告に対する高等裁判所の決定に不服がある場合は、その裁判に憲法の解釈の誤りがあることその他の憲法の違反があることを理由とする場合には、最高裁判所に特別抗告をすることができます（家事事件手続法94条）。更に、高等裁判所の決定に最高裁判所の判例と相反する判断がある場合その他の法令の解釈に関する重要な事項を含むと認められる場合には、申立により高等裁判所が許可した場合に限り、最高裁判所に特に抗告をすることができます（家事事件手続法97条）。

(9) 審判以外の裁判に対する不服申立は、法律に特別の規定がある場合に限り、即時抗告をすることができます。例えば、移送についての裁判に対する即時抗告があります。この場合の即時抗告期間は1週間以内とされています。この即時抗告には執行停止の効力はありません（家事事件手続法99条～101条）。

7 家事審判事件記録の閲覧と謄写

(1) 家庭裁判所の書記官が保管している係争中の家事事件の記録の写しは、すべて閲覧し謄写をしておく必要があります。当事者又は利害関係を疎

明(一応確からしいという程度の心証を得させること)した第三者は、家庭裁判所の許可を得て、書記官に対して家事審判事件の記録の閲覧若しくは謄写、その正本・謄本・抄本の交付又は家事審判事件に関する証明書の交付を請求することができます。家事審判事件記録中の録音テープ又はビデオテープについて書記官に複製を請求することができます(家事事件手続法47条1項・2項)。

(2) 家庭裁判所は、当事者から上記(1)の閲覧・謄写・複製の許可の申立があった場合は、次の事由に該当する場合を除き、これを許可する必要があります(家事事件手続法47条3項・4項)。

① 事件の関係人である未成年者の利益を害するおそれがあると認められる場合。

② 当事者若しくは第三者の私生活若しくは業務の平穏を害するおそれがあると認められる場合。例えば、家庭内暴力で別居している場合があります。

③ 当事者若しくは第三者の私生活についての重大な秘密が明らかにされることにより、その者が社会生活を営むのに著しい支障が生じ、若しくはその者の名誉を著しく害するおそれがあると認められる場合。例えば、出生の秘密や病歴が明かされる場合があります。

④ 事件の性質、審理の状況、記録の内容等に照らして当事者に記録の閲覧等を許可することを不適当とする特別の事情があると認められる場合。例えば、犯罪歴、病歴、個人の財産、その他の個人情報があります。

(3) 家事事件記録で特に重要な記録は、書記官の作成する期日ごとの調書です。書記官は、家事審判手続の期日ごとに調書を作成する必要がありますが、証拠調べの期日以外の期日については、裁判長において必要がないと認める場合は、その経過の要領(審理の経過の要点)を記録上明らかにすることをもって調書の作成に代えることができるとされています(家事事件手続法46条)。従って、家事事件記録の謄写の請求をする場合には、その期日の調書のほかに「経過の要領を記録した書面」の謄写の請求もする必要があります。

(4) 家事事件記録の閲覧・謄写・複製を請求する場合には、書記官から交

付される「家事事件記録等閲覧・謄写票」用紙に必要事項を記入して書記官に請求をします。「家事事件記録等閲覧・謄写票」に記入する主な事項は次の通りです。
① 事件番号（例えば、平成〇年（家）第〇〇号、平成〇年（家イ）第〇〇号）
② 当事者の氏名（申立人と相手方の氏名）
③ 閲覧等の目的（例えば、審判・調停準備等を〇で囲む）
④ 所要見込時間（例えば、40分）
⑤ 閲覧等の部分（例えば、平成〇年〇月〇日の期日の調書の全部）
⑥ 申請区分（閲覧、謄写、複製の中の該当を〇で囲む）
⑦ 申請人の資格（例えば、当事者を〇で囲む）
⑧ 申請人の住所・氏名・押印
⑨ 閲覧・謄写人の氏名と申請人との関係
⑩ 提出書類（例えば、委任状）
⑪ 申請年月日

　上記①の事件番号は、家事事件手続法の「別表第一」と「別表第二」の審判事件では「平成〇年（家）第〇〇号」という番号になります。「別表第二」の調停事件や一般調停事件その他の調停事件では「平成〇年（家イ）第〇〇号」という番号になります。

　謄写（写しの交付）のコピー代金は書記官に依頼すると1枚150円となりますが、一般に裁判所内のコピー機で1枚20円でコピーをすることができます。

Q5 家事調停の手続は、どのように行われるのですか

1 家事調停の手続とは

(1) 家事調停の手続とは、人事訴訟法の対象事件（例えば、離婚、離縁、婚姻の無効取消）や家庭に関する事件（家事事件手続法の「別表第一」の事件を除きます）についての調停手続をいいます（家事事件手続法244条）。この場合の調停とは、家庭内の紛争について第三者が当事者間を仲介して紛争の解決を図ることをいいます。家事調停事件には、次の種類が含まれます。
① 家事事件手続法の「別表第二」の事件
② 人事訴訟法の対象とされる事件についての特殊調停事件
③ 民事訴訟の対象ともなる一般調停事件
④ 調停の対象となるが審判や訴訟の対象とならない調停事件

(2) 家事事件手続法の「別表第二」の事件とは、例えば、婚姻費用の分担、財産の分与、親権者の指定又は変更、扶養の順位の決定とその決定の変更又は取消、遺産の分割のような当事者の合意による自主的な解決を図ることのできる16種類の事件をいいます。「別表第二」の事件は、**審判でも調停でも扱われますが**、通常は最初に調停の申立がなされ、調停が成立しなかった場合に審判に移行し、審判により結論が示されることになります。「別表第二」の事件について最初に審判の申立をした場合でも、家庭裁判所は、当事者の意見を聴いて、いつでも職権で調停に付することができます（家事事件手続法274条1項）。

(3) 人事訴訟法2条に規定する事件についての特殊調停事件には、例えば、婚姻の無効・取消、協議上の離婚の無効・取消、実親子関係の存否の確認、認知、養子縁組の無効・取消、協議上の離縁の無効・取消があります。人事訴訟法の対象事件（離婚と離縁を除きます）について当事者間に合意が成立し、家庭裁判所が必要な調査をした後、その合意を正当と認めた場合は、合意に相当する審判をすることができます（家事事件手続法

277条)。
(4) 民事訴訟の対象ともなる一般調停事件には、例えば、離婚慰謝料請求、婚約破棄慰謝料請求、不倫慰謝料請求、共有物分割請求その他の家庭内の事件があります。
(5) 調停の対象となるが審判や訴訟の対象とならない調停事件には、例えば、夫婦関係円満調整、親族間円満調整、婚約履行請求があります。審判や訴訟の対象とならないので当事者の任意の履行に期待する事項に限られます。

2 家事調停申立書の家庭裁判所への提出
(1) 申立人は、家庭裁判所に備え付けている家事調停申立書用紙に必要事項を記入し裁判所に指定された書類を添付して申立書受付係に提出します。添付書類は事件の内容によって異なりますが、例えば、戸籍謄本（戸籍の全部の証明書）、住民票、財産目録、不動産登記簿謄本のような書類があります。申立書用紙には一般の家事調停申立書用紙のほかに事件の内容に応じた特別の書式がありますから、特別の書式のある場合にはそれを使用します。家事調停申立書を提出する管轄裁判所は、相手方の住所地の家庭裁判所又は当事者が合意で定める家庭裁判所とされています（家事事件手続法245条1項）。当事者の合意で管轄裁判所を定めた場合には、家事調停申立書に次例のような管轄合意書を添付して家庭裁判所に提出します。

（記載例）

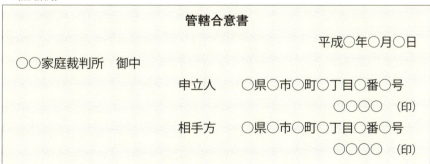

> 上記当事者間の夫婦関係調整調停申立事件は○○家庭裁判所の管轄に属するものであるが、当事者は、貴庁を管轄家庭裁判所と定めたので届け出します。
>
> 　　　　　　　　　　　　　　　　　　　　　　　　　　　　以上

(2) 家事調停申立書を提出する際には、①申立の手数料として1,200円分の収入印紙と、②提出先の家庭裁判所の指定する種類の郵便切手も同時に提出します。収入印紙に消印をしてはなりません。収入印紙は貼らずに申立書受付係に手渡します。

(3) 家事調停申立書の写しは、相手方に申立内容を知らせるために家庭裁判所から送付しますから、裁判所用1通の他に相手方の数の申立書写しを添付して提出します。家庭裁判所は、家事調停の手続の円滑な進行を妨げるおそれがあると認める場合は、相手方に申立書写しを送付せずに家事調停の申立があったことを通知することをもって申立書の写しの送付に代えることができます（家事事件手続法256条1項）。

(4) 家事調停申立書の記入事項は事件の内容によって異なりますが、主な記入事項は、①申立人の氏名・住所・本籍その他、②相手方の氏名・住所・本籍その他、③申立の趣旨、④申立の理由となっています。

(5) 口頭による申立をすることはできませんが、申立人が自分で申立書用紙に記入することができない場合には、申立書受付係に申し出て裁判所職員が代筆し申立人の署名と押印をする方法も可能です。この方法を準口頭申立といいます。

(6) 家事調停申立書には必ずしも証拠書類を添付して提出する必要はありませんが、自分の主張や「申立の理由」欄に記載した事実を証明する書類がある場合は、その写しを申立書に添付して提出します。申立書に添付しなかった場合は、次の期日の前までに写しを随時裁判所に提出します。

3　家事調停の調停機関

(1) 家庭裁判所は、「調停委員会」で調停を行いますが、家庭裁判所が相

当と認めた場合は裁判官のみで調停を行うことができます。しかし、家庭裁判所は、当事者の申立がある場合には、調停委員会で調停を行う必要があります（家事事件手続法247条）。

(2) 調停委員会は、裁判官1人と家事調停委員2人以上で組織します。調停委員会を組織する家事調停委員は、家庭裁判所が各事件ごとに指定します。調停委員会の決議は、過半数によりますが、可否同数の場合は、裁判官の決定するところによります。調停委員会の評議は秘密にされます（家事事件手続法248条）。調停委員会が行う家事調停の手続は、調停委員会を組織する裁判官が指揮をします（家事事件手続法259条）。

(3) 家事調停委員は、非常勤とし、その任免は最高裁判所規則で定めますが、専門知識を有する40歳以上70歳未満の者から任命され、任期は2年とされています。最高裁判所規則により旅費・日当・宿泊料が支給されます。

(4) 家事調停官（非常勤の裁判官）の制度があり、5年以上弁護士であった者の中から最高裁判所が2年の任期で任命することとしています。家事調停官は、家庭裁判所の指定を受けて家事調停事件を扱いますが、その権限は、家庭裁判所・裁判官・裁判長が行う家事調停事件の処理に関する権限を行うことができます（家事事件手続法250条・251条）。

(5) 家庭裁判所調査官は、家事調停において裁判官又は家事調停官の命令により事実の調査を行います。調停委員会を組織する裁判官は、調停委員会の決議により、事件の処理に関し事件の関係人の家庭環境その他の環境の調整を行うために必要があると認める場合は、家庭裁判所調査官に社会福祉機関との連絡その他の措置をとらせることができます（家事事件手続法261条5項・59条3項）。例えば、裁判所への出頭勧告も含まれます。

4　家事調停の手続

(1) 家事調停の申立をする場合には、家事調停申立書を家庭裁判所に提出する必要がありますが、その申立書には、次の事項を記載する必要があります。

　① 当事者（申立人と相手方）及び法定代理人（例えば、成年後見人、親権

者）

　② 申立の趣旨（申立により求める結論を記載する）

　③ 申立の理由（申立内容を特定するのに必要な事実を記載する）

　　家事調停の申立を不適法として却下する審判に対しては即時抗告（不服申立）をすることができます（家事事件手続法255条3項）。家事調停の手続にも家事審判の規定の一部が準用されており、当事者参加（当事者となる資格を有する者の調停手続への参加）や利害関係参加（利害関係を有する者の調停手続への参加）の規定も準用されています（家事事件手続法258条1項・41条・42条）。

⑵　家庭裁判所は、家事調停の申立があった場合は、申立が不適法である場合又は調停をしないで事件を終了させる場合を除き、調停申立書の写しを相手方に送付する必要があります。ただし、調停手続の円滑な進行を妨げるおそれがあると認められる場合は、調停の申立があったことを通知することをもって、調停申立書の写しの送付に代えることができるとしています（家事事件手続法256条1項）。

⑶　家事調停を行うことができる事件について訴えを提起しようとする者は、まず家庭裁判所に家事調停の申立をする必要があります。このことを「調停前置主義」といいます。家事調停の申立をすることなく訴えを提起した場合には、裁判所は、職権で、事件を家事調停に付す必要がありますが、裁判所が調停に付すことが相当でないと認める場合（例えば、相手方が行方不明の場合）は除かれます（家事事件手続法257条）。

⑷　調停委員会は、必要な事実の調査や証拠調べをする必要があります。調停委員会は、自ら事実の調査や証拠調べを行うほか、調停委員会を組織する調停委員に事実の調査をさせたり、調停委員会の決議により調停委員会を組織する裁判官に事実の調査や証拠調べをさせることもできます（家事事件手続法260条～262条）。

⑸　家庭裁判所は、職権で事実の調査をし、かつ、申立により又は職権で、必要と認める証拠調べをする必要があります（家事事件手続法258条による56条の準用）。家事調停でも職権探知主義が採用されているものの、当事者からの証拠調べの申立を認めていることから証拠調べを実施する必要があります。当事者は、事実の調査や証拠調べに協力するものとさ

れています。
(6) 調停委員会を組織する裁判官は、調停委員会の決議により、事実の調査や証拠調べをすることができますが、この場合には、裁判官は、家庭裁判所調査官に事実の調査をさせ又は医師である裁判所技官に事件の関係人の心身の状況について診断をさせることができます（家事事件手続法261条1項・2項）。

5　家事調停の成立と調停事件の終了

(1) 家事調停が成立した場合は、次の効力を有します（家事事件手続法268条）。
① 家事調停において当事者間に合意が成立し、これを調停調書に記載した場合は、調停は成立したものとし、その記載は確定判決（別表第二の事件では確定審判）の効力を有します。
② 家事調停事件の一部について当事者間に合意が成立した場合は、その一部について調停を成立させることができます。例えば、遺産の一部の分割もあります。
③ 離婚又は離縁についての調停事件においては、家事審判手続を準用する電話会議の方法（家事事件手続法54条）によっては調停を成立させることはできません。
④ 上記の①と②の規定は、合意に相当する審判の対象事項（家事事件手続法277条1項）についての調停事件については適用されません。この場合の合意の成立は調停の成立を導くものではないからです。

(2) 調停調書に計算違い、誤記その他これらに類する明白な誤りがある場合は、家庭裁判所は、当事者からの申立により又は職権で、いつでも更正（訂正すること）の決定をすることができます。更正決定には、裁判書を作成する必要があります。更正決定や当事者からの訂正申立を不適法として却下した決定に対しては、即時抗告（不服申立）をすることができます（家事事件手続法269条）。

(3) 調停条項案の書面による受諾について、当事者が遠隔地に居住していることその他の事由により出頭することが困難であると認められる場合において、その当事者が予め調停委員会（裁判官のみで手続を行う場合は

裁判官)から提示された調停条項案を受諾する旨の書面を提出し、他の当事者が家事調停手続の期日に出頭して調停条項案を受諾した場合には、当事者間に合意が成立したものとみなします。ただ、この規定は、離婚又は離縁についての調停事件については適用されません(家事事件手続法270条)。

(4) 調停委員会は、事件が性質上調停を行うのに適当でないと認める場合又は当事者が不当な目的でみだりに調停申立をしたと認める場合には、調停をしないものとして、調停事件を終了させることができます(家事事件手続法271条)。この措置は裁判ではありませんから当事者は不服申立をすることはできません。

(5) 調停委員会は、当事者間に合意が成立する見込みがない場合又は成立した合意が相当でないと認める場合には、調停が成立しないものとして、調停事件を終了させることができます。ただし、家庭裁判所が調停に代わる審判(家事事件手続法284条)をした場合は除かれます。調停事件が終了した場合は、家庭裁判所は、当事者に対し、その旨を通知する必要があります。当事者が、この通知を受けた日から2週間以内に調停事件について訴えを提起した場合は、調停申立の時に訴えの提起があったものとみなします。「別表第二」の事件についての調停事件が終了した場合は、調停申立の時に、家事審判の申立があったものとみなします(家事事件手続法272条)。

(6) 家事調停の申立は、その調停事件が終了するまで、その全部又は一部を取り下げることができます。例えば、離婚調停のうち財産分与の申立の部分を取り下げる場合があります。調停申立の取り下げは書面でする必要がありますが、調停期日では口頭ですることができます。申立の取り下げがあった部分については、初めから係属していなかったものとみなします(家事事件手続法273条)。つまり、申立の効果がさかのぼって消滅することになります。

6 合意に相当する審判

(1) 「合意に相当する審判」とは、次の審判をいいます。(家事事件手続法277条)。

① 人事訴訟（離婚と離縁の訴えは除きます）を提起することができる事項の家事調停手続において、次の各号の要件のいずれにも該当する場合には、家庭裁判所は、必要な事実を調査した上、次の第一号の合意を正当と認める場合は、その合意に相当する審判をすることができます。ただし、当該事項に係る身分関係の当事者の一方が死亡した後は除かれます。
　　一　当事者間に申立の趣旨の通りの審判を受けることについて合意が成立していること（例えば、認知調停で合意が成立している場合）。
　　二　当事者の双方が申立に係る無効若しくは取消の原因又は身分関係の形成若しくは存否の原因について争わないこと（例えば、認知の申立の事実を争わない場合）。
　② 上記の第一号の合意は、電話会議システムの方法や調停条項案の書面による受諾の方法によっては成立させることはできません。
　③ 上記の①の手続が調停委員会で行われている場合において、合意に相当する審判をする場合には、家庭裁判所は、その調停委員会を組織する調停委員の意見を聴く必要があります。
　④ 家庭裁判所が上記①の第一号の合意を正当と認めない場合は、調停不成立の場合と同様の処理をします。
(2) 合意に相当する審判がなされた後には、家事調停の申立の取下げは、相手方の同意を得なければ効力を生じません（家事事件手続法278条）。
(3) 合意に相当する審判に対しては、当事者と利害関係人は、家庭裁判所に2週間以内に異議の申立をすることができます。ただし、当事者にあっては、上記①の要件に該当しないことを理由とする場合に限ります（家事事件手続法279条）。つまり、即時抗告は認めず、異議申立によります。
(4) 異議の申立に対する審判に係る措置は、次の通りとなります（家事事件手続法280条）。
　① 家庭裁判所は、当事者や利害関係人のした異議申立が不適法である場合又は異議申立に理由がないと認める場合は、これを却下する必要があります。異議の申立人は、却下の審判に対して即時抗告（不服申立）をすることができます。

② 　家庭裁判所は、当事者から適法な異議申立があった場合において、異議申立を理由があると認める場合は、合意に相当する審判を取り消す必要があります。

　③ 　利害関係人から適法な異議申立があった場合は、合意に相当する審判は、その効力を失います。この場合には家庭裁判所は、当事者に対し、その旨を通知する必要があります。この通知を受けた当事者が通知を受けた日から２週間以内にその事件について訴えを提起した場合は、調停申立の時に訴えの提起があったものとみなします。

(5) 　上記の異議申立がない場合又は異議申立を却下する審判が確定した場合は、合意に相当する審判は、確定判決と同一の効力を有します（家事事件手続法281条）。

7　調停に代わる審判

(1) 「調停に代わる審判」とは、次の審判をいいます（家事事件手続法284条）。

　① 　家庭裁判所は、調停が成立しない場合において相当と認める場合は、当事者双方のために衡平に考慮し、一切の事情を考慮して、職権で、事件の解決のため必要な「調停に代わる審判」をすることができます。

　② 　調停手続が調停委員会で行われている場合において調停に代わる審判をする場合には、家庭裁判所は、その調停委員会を組織する家事調停委員の意見を聴く必要があります。

　③ 　家庭裁判所は、調停に代わる審判において、当事者に対し、子の引渡し又は金銭の支払その他の財産上の給付を命ずることができます。

(2) 　調停に代わる審判に対する異議申立は、次の通りとなります（家事事件手続法286条）。

　① 　当事者は、調停に代わる審判に対して家庭裁判所に異議の申立をすることができます。異議申立の方法は「合意に相当する審判」の場合と同様です。家庭裁判所は、異議申立が不適法である場合は却下する必要があります。却下の審判に対しては異議申立人は即時抗告（不服申立）をすることができます。

　② 　適法な異議申立があった場合は、調停に代わる審判は、その効力を

失います。この場合には家庭裁判所は、当事者に対し、その旨の通知をする必要があります。

③　当事者がこの通知を受けた日から２週間以内にその事件について訴えを提起した場合は、調停申立の時に訴えの提起があったものとみなします。「別表第二」の事件については審判の申立があったものとみなされます。

④　当事者が調停手続（離婚と離縁の調停は除きます）において調停に代わる審判に服する旨の共同の申出をした場合には、異議申立はできません。しかし、当事者は、調停に代わる審判の告知前に限り、共同の申出を撤回することができます。この場合の撤回に相手方の同意は必要ありません。

(3)　調停に代わる審判の効力は、異議申立がない場合又は異議申立を却下する審判が確定した場合は、①「別表第二」の事件については確定した審判と同一の効力を有し、②その他の調停事件については確定判決と同一の効力を有します（家事事件手続法287条）。

8　不服申立

家事調停の手続においてなされた裁判に対する不服申立については、Ｑ４の６の家事審判に関する手続の規定が準用されています（家事事件手続法288条）。

9　家事調停事件記録の閲覧と謄写

(1)　家庭裁判所の書記官が保管している係争中の家事調停事件の記録の写しは、家事審判事件の場合と同様に、すべて閲覧し謄写をしておく必要があります。当事者又は利害関係を疎明した第三者は、家庭裁判所の許可を得て、書記官に対して家事調停事件の記録の閲覧若しくは謄写、その正本・謄本・抄本の交付又は家事調停事件に関する証明書の交付を請求することができます。家事調停事件記録中の録音テープ又はビデオテープについて書記官に複製を請求することができます（家事事件手続法254条1項・2項）。

(2)　家庭裁判所は、当事者又は利害関係を疎明した第三者から上記①の閲

覧・謄写・複製の許可の申立があった場合において相当と認める場合には、これを許可することができます。しかし、次の書面については、当事者は、家庭裁判所の許可を得ずに書記官に対し、その交付を請求することができます（家事事件手続法254条3項・4項）。
① 審判書その他の裁判書の正本・謄本・抄本
② 調停において成立した合意を記載し又は調停をしないものとして若しくは調停が成立しないものとして事件が終了した旨を記載した調書の正本・謄本・抄本
③ 家事調停事件に関する事項の証明書
(3) 家事調停事件記録で特に重要な記録は、書記官の作成する期日ごとの調書です。書記官は、家事調停手続の期日ごとに調書を作成する必要がありますが、裁判官においてその必要がないと認める場合は作成されません（家事事件手続法253条）。
(4) 家事調停事件記録の閲覧・謄写・複製を請求する場合には、書記官から交付される「家事事件記録等閲覧・謄写票」用紙に必要事項を記入して書記官に請求をします。この場合の「家事事件記録等閲覧・謄写票」に記入する主な事項は、Q4に述べた家事審判の手続の場合と同じです。事件番号は、家事事件手続法の「別表第一」と「別表第二」の審判事件では「平成〇年（家）第〇〇号」という番号になりますが、「別表第二」の調停事件や一般調停事件その他の調停事件では「平成〇年（家イ）第〇〇号」という番号になります。
(5) 書記官の作成する調停調書の記載例は次の通りです。

（調停成立の場合の記載例）

調書（成立）	
事件の表示	平成〇年（家イ）第〇〇〇号　夫婦関係調整事件
期日	平成〇年〇月〇日午後〇時
場所	〇〇家庭裁判所
裁判官	〇〇〇〇
家事調停委員	〇〇〇〇、〇〇〇〇
裁判所書記官	〇〇〇〇

当事者等及びその出頭状況	本籍	○県○市○町○丁目○番地
	住所	○県○市○町○丁目○番○号
	申立人	○○○○　（出頭）
	本籍	○県○市○町○丁目○番地
	住所	○県○市○町○丁目○番○号
	相手方	○○○○　（出頭）

下記調停条項のとおり調停が成立した。

　　　　　　　　　　　　　　○○家庭裁判所
　　　　　　　　　　　　　　裁判所書記官　○○○○（職印）

調停条項
　1　申立人と相手方は、本日、調停離婚する。
　2　当事者間の長男Ａ（平成○年○月○日生）の親権者を母である申立人と定め、今後、同人において監護養育をする。
　　　　　　　　　　（中　略）
　9　調停費用は、各自の負担とする。
　　　　　　　　　　　　　　　　　　　　　　　　　以上

（調停不成立の場合の記載例）

調書（不成立）

事件の表示	平成○年（家イ）第○○○号　夫婦関係調整事件
期日	平成○年○月○日午後○時
場所	○○家庭裁判所
裁判官	○○○○
家事調停委員	○○○○、○○○○
裁判所書記官	○○○○
当事者等及びその出頭状況	本籍　○県○市○町○丁目○番地
	住所　○県○市○町○丁目○番○号
	申立人　　○○○○　（出頭）
	本籍　○県○市○町○丁目○番地
	住所　○県○市○町○丁目○番○号

　　　　　　　　　　　　相手方　　○○○○　（出頭）
　　　　　　　手続の要領
裁判官
　　調停委員会は、当事者間に合意が成立する見込みがないと認め、調停が成立しないものとして事件を終了させる。
　　　　　　　　　　○○家庭裁判所
　　　　　　　　　　　　裁判所書記官　　○○○○　（職印）
　　　　　　　　　　　　　　　　　　　　　　　　　以上

Q6 人事訴訟とは、どんなものですか

1 人事訴訟とは

(1) 人事訴訟とは、夫婦間、親子間等の関係についての争いを家庭裁判所の手続により解決する次のような訴訟をいいます（人事訴訟法2条）。

① 婚姻関係事件として、婚姻の無効及び取消の訴え、離婚の訴え、協議上の離婚の無効及び取消の訴え、婚姻関係の存否の確認の訴え

② 実親子関係事件として、嫡出否認の訴え、認知の訴え、認知の無効及び取消の訴え、民法773条の父を定めることを目的とする訴え、実親子関係の存否の確認の訴え

③ 養親子関係事件として、養子縁組の無効及び取消の訴え、離縁の訴え、協議上の離縁の無効及び取消の訴え、養親子関係の存否の確認の訴え

(2) 人事訴訟を管轄する家庭裁判所は、当事者双方の住所地の家庭裁判所又はその死亡時の住所地の家庭裁判所の専属管轄（特定の裁判所だけに認める管轄）とされています（人事訴訟法4条）。ただし、その家庭裁判所と人事訴訟の提起前に家事調停を扱った家庭裁判所とが異なる場合には、家事調停を扱った家庭裁判所が人事訴訟を取り扱う場合もあります（人事訴訟法6条）。

(3) 人事訴訟の典型例は離婚訴訟ですが、離婚訴訟では、財産分与、子の養育費、子の親権者、年金分割の割合、離婚に伴う慰謝料などについても同時に申立をすることができます。人事訴訟を提起する場合には、家庭裁判所に提出する「訴状」を作成する必要がありますが、人事訴訟で最も多い離婚訴訟については最高裁判所の示したひな型を家庭裁判所の「家事手続案内」係で閲覧することができます。離婚訴訟を提起され被告となった場合の答弁書の書き方も「家事手続案内」係で閲覧することができます。

(4) 人事訴訟法は、通常の民事訴訟手続を定める民事訴訟法の特例を定めています（人事訴訟法1条）。例えば、人事訴訟では、裁判所は、当事者が主張しない事実を斟酌し、職権で証拠調べをすることができるとしています（人事訴訟法20条）。人事訴訟法に特例としての規定のない場合は民事訴訟法が適用されます（民事訴訟の詳細は、本書の著者による「本人訴訟ハンドブック」（緑風出版刊）参照）。

2　人事訴訟の手続

(1)　夫婦間、親子間の関係のような家庭内の争いについては、基本的に話し合いによる解決が望ましいことから、家事調停の申立ができる家庭内の事件について訴えを提起しようとする者は、先ず家庭裁判所に家事調停の申立をする必要があります。これを調停前置主義といいます。家事調停の申立をすることなく訴えを提起した場合には、裁判所は、職権で事件を家事調停に付す必要があります（家事事件手続法257条）。家事調停不成立の場合に訴えの提起ができます。

(2)　人事訴訟の手続の主な流れは、次の通りとなります。

訴えの提起
① 原告（訴えを提起する者）が「訴状」を管轄の家庭裁判所に提出します。訴状には証拠書類を添付します。訴状は裁判所用1通と被告（訴えられた者）の数だけ提出します。
② 訴状には、(a) 請求の趣旨（判決の結論として求めること）と (b) 請求の原因（その請求を特定するのに必要な事項）を記載します。
③ 原告は裁判所に指定された収入印紙（手数料）と郵便切手を提出します。

↓

訴状の審査
① 裁判官が訴状が適法かどうかを審査します。
② 補正が必要な場合は裁判官が補正命令をし従わない場合は却下します。

↓

訴状の送達

① 裁判所は適法と認めた訴状を被告に特別の郵便で送ります。
② 被告用の訴状のほかに第1回口頭弁論期日の呼出状や答弁書の提出期限通知書が同封されます。原告には呼出状が送付されます。

↓

被告の答弁書の提出

① 被告は指定された期限までに訴状の内容に対する答弁書を裁判所に提出します。
② 答弁書には訴状の内容に対して認めるか認めないか、認めない場合はその理由などの訴状の内容に対する被告の応答を記載します。

↓

口頭弁論期日と証拠調べその他の審理

① 最初の期日(審理をする日時)には原告は訴状を陳述し被告は答弁書を陳述します。各続行期日の前に各当事者は自分の主張を書いた書面を作成しその主張を証明する証拠とともに裁判所に提出します。
② 裁判所は、争いになっている点を確認し、争点について提出されている証拠を整理します。事実の調査について家庭裁判所調査官が調査をすることがあります。
③ 争点について裁判官が判断をするために当事者本人尋問その他の証拠調べをします。しかし、証拠調べにも職権探知主義が採用されていますから、通常の民事訴訟とは異なります。
④ 裁判所は必要がある場合は「参与員」を審理や和解の試みに立ち会わせて事件についての意見を聴く場合があります。参与員の数は1人以上とされています。参与員は徳望良識のある者の中から毎年あらかじめ家庭裁判所が選任します。

↓

口頭弁論の終結

> ① 裁判官は判決ができるようになった場合には口頭弁論を終結し、判決言渡し期日を指定します。
> ② 口頭弁論の終結前に当事者双方に和解を勧める場合がありますが、和解が成立した場合には訴訟は終了します。

↓

> **判決の言渡し**
> ① 判決は言渡しによって成立し判決の効力が生じます。
> ② 判決の内容に不服がある場合は上訴をすることができます。

↓

> **上　訴**
> ① 一審判決に不服がある場合は控訴を提起することができます。
> ② 二審判決に不服がある場合は上告や上告受理申立ができますが、いずれも厳格な要件を満たした場合に限られます。

第 2 章●
相続や遺言に関する家事事件の申立は、どうするのですか

Q7 相続とは、どういうことですか

1 相続とは

(1) 相続とは、人の死亡によって、その人の財産上の一切の権利や義務を死者と一定の関係にある者に引き継がせることをいいます。この場合の死者を「被相続人」といい、財産上の権利や義務も引き継ぐ人を「相続人」といいます。相続人は債務も引き継ぎますから、土地建物や預金のようなプラスの財産よりも借金のようなマイナスの財産が多い場合には、相続人は、全面的に相続を拒否する相続放棄やプラスの財産の限度で債務を弁済する限定承認をすることもできます。

(2) 相続は、被相続人が死亡した時点（死亡した瞬間）に開始します。相続人が被相続人の死亡した事実を知らなくてもよいのです。相続人の範囲は民法の規定により定まっていますが、この制度を法定相続制度といいます。法定相続人以外の者は相続人にはなれませんが、遺言によって遺産を譲与することができます。これを「遺贈」といいます。

(3) 被相続人の死亡には、次の失踪宣告と認定死亡の場合も含まれます。

① 失踪宣告とは、人の生死不明の状態が7年間（戦地や沈没船のような危難に遭遇した場合は1年間）継続した場合に利害関係人（例えば、配偶者）の請求によって家庭裁判所の審判で死亡したものとみなす制度をいいます（民法30条）。

② 認定死亡とは、爆発・津波・火災・水難その他の事変によって死体の確認はできないものの、周囲の状況から死亡したことが確実であるとみられる場合に、その取り調べをした公務員（例えば、警察官）が死亡を認定し死亡地の市町村長に死亡の報告をして戸籍に死亡の記載をする制度をいいます（戸籍法89条）。

2 相続人の範囲

(1) 法定相続人の範囲は次の通りとされています（民法887条〜890条）。
　① 被相続人の配偶者（妻又は夫）
　② 被相続人の子（実子のほか養子も胎児も含まれます）
　③ 被相続人の直系尊属（父母、祖父母、曾祖父母等のうち親等の近い者が優先）
　④ 被相続人の兄弟姉妹

　配偶者は、常に、いずれの法定相続人がいる場合も相続人となります。配偶者以外の法定相続人がいない場合は配偶者だけが相続人となり、配偶者がいない場合は、その他の法定相続人だけが相続人となります。配偶者には内縁関係にある者は含まれません。

(2) 法定相続人が相続をする順位は、民法により次の通りとされています。先の順位の相続人がいる場合は、後の順位の者は相続人となれません（民法887条〜890条）。
　　第1順位は、被相続人の子と配偶者
　　第2順位は、被相続人の直系尊属（父母、祖父母等）と配偶者
　　第3順位は、被相続人の兄弟姉妹と配偶者

(3) 代襲（だいしゅう）相続の制度として、被相続人の死亡時点以前に推定相続人（相続開始により相続人となるべき者）である子や兄弟姉妹が、①死亡、②相続欠格（重大な違法行為により相続資格を失う制度）、③相続人廃除（家庭裁判所に請求して相続資格を奪う制度）の3つのいずれかの原因で相続資格を失った場合に、推定相続人の直系卑属（子や孫）が推定相続人に代わって同一順位で相続人となる制度があります（民法887条）。

　例えば、被相続人である父Aの推定相続人である子Bが、Aの死亡時点以前に死亡していた場合は、Bの子CがBに代わって（代襲して）Aを相続します。

3　各相続人の相続分

(1) 相続分とは、同順位の相続人が複数いる場合の相続財産（遺産）に対する各相続人の分け前の割合をいいます。相続分には、その決定方法の違いから、①指定相続分と②法定相続分があります（民法900条・902条）。
　① 指定相続分とは、被相続人の遺言による意思表示によって決定され

る相続分をいいます。指定相続分には、(a) 被相続人が遺言によって指定する相続分と、(b) 被相続人の遺言によって指定を委託された第三者が指定する相続分とがあります。

② 法定相続分とは、被相続人の遺言による相続分の指定のない場合に、民法の規定に従って決定される相続分をいいます。

指定相続分は、法定相続分に優先しますが、民法の遺留分（兄弟姉妹以外の相続人に法律上確保される最低限度の分け前の割合）の規定に反することはできないとされています（民法902条1項）。

(2) 法定相続分は、同順位の相続人が複数いる場合は、次の通りとなります（民法900条）。

① 第1順位の「子と配偶者が相続人となる場合」は、子が2分の1、配偶者が2分の1

② 第2順位の「直系尊属と配偶者が相続人となる場合」は、直系尊属が3分の1、配偶者が3分の2（より近い親等の直系尊属がいる場合は、それより遠い親等の者は相続人になりません）

③ 第3順位の「兄弟姉妹と配偶者が相続人となる場合」は、兄弟姉妹4分の1、配偶者が4分の3

④ 同順位の子・直系尊属・兄弟姉妹が複数いる場合は、各自の相続分は均等になります。

⑤ 兄弟姉妹では父母の一方のみを同じくする兄弟姉妹の相続分は、父母の双方を同じくする兄弟姉妹の相続分の2分の1となります。

⑥ 代襲相続人の相続分は、推定相続人が受けるはずであった同一順位で、推定相続人の相続分に相当する相続分を相続します。同一順位の複数の代襲相続人がいる場合は、各人の相続分は均等になります。

なお、子が非嫡出子（法律上の婚姻関係のない男女の子）の場合の相続分を、嫡出子（法律上の婚姻関係のある男女の子）の相続分の2分の1とする旧規定は平成25年の民法改正により削除されました。

4 遺留分

(1) 遺留分とは、兄弟姉妹以外の相続人（子、直系尊属、配偶者）に法律上確保される最低限度の分け前の割合をいいますが、遺留分を有する者を

遺留分権利者といいます。遺留分権利者は、自分の遺留分を保全するのに必要な限度で、遺贈や贈与の減殺（減らすこと）を請求することができます（民法1031条）。この請求権を遺留分減殺請求権といいます。この請求権を行使するか否かは自由ですから、遺言で指定された遺言執行者は遺言書の通りに執行する必要があります。
(2) 遺留分の割合は、遺留分権利者によって次の通り異なります。
　① 直系尊属（父母、祖父母等）だけの場合は、被相続人の財産の3分の1
　② その他の場合（子だけの場合、配偶者だけの場合、子と配偶者の場合、配偶者と直系尊属の場合）は、被相続人の財産の2分の1
　例えば、
　(a) 父と母が相続人の場合は、各人は1/3×1/2=1/6
　(b) 配偶者Aと子BCがいる場合は、Aは1/2×1/2=1/4、BCは各1/2×1/2×1/2=1/8
　となります。
(3) 遺留分の放棄は、相続の開始前でもできますが、家庭裁判所の許可を受けた場合に限り放棄の効力が生じます。複数の相続人の中の一人のした遺留分の放棄は、他の相続人の遺留分に影響を及ぼしません（民法1043条）。相続開始後の遺留分の放棄には家庭裁判所の許可は不要です。

5 相続財産の範囲

(1) 相続財産（遺産）とは、被相続人が死亡した時点の被相続人の財産に属する一切の権利と義務をいいます。相続財産には、被相続人の所有していた積極財産（土地、建物、現金、預金、宝石、著作権その他の無体財産権のようなプラスの財産）のほか、消極財産（住宅ローンその他の借金のようなマイナスの財産）も含まれます。しかし、①祭祀財産（例えば、位牌、系図、仏壇のような祭具や墓）と、②被相続人の一身専属権（例えば、子の監護や教育をする親の権利、夫婦間の同居協力を求める権利、扶養請求権）は、相続の対象とはなりません（民法896条・897条）。
(2) 祭祀財産は相続財産には含まれず、祖先の祭祀を主宰する者が承継します。祖先の祭祀を主宰する者は、次の順序で決めます（民法897条）。
　① まず、被相続人が生前に指定した者又は遺言で指定した者がなりま

す。祭祀を主宰する者の資格の制限はありませんから、親族でなくてもかまいません。祭祀財産の承継は相続による承継ではありませんから、相続を放棄した者でも祭祀財産の承継は可能です。
② 被相続人が指定した者がいない場合は、その地方の慣習に従って決定します。
③ 慣習が不明の場合は、家庭裁判所の審判や調停によって決定します。

6 遺産の分割

(1) 遺産（相続財産）の分割とは、同順位の相続人が複数いる場合に各相続人の相続分に従って、誰がどの遺産を取るのかを決めることをいいます。相続開始時点で共同相続人（複数の相続人）の共有とされている遺産を各相続人の単独所有（場合によっては特定の複数の相続人の共有）に移行させる手続を遺産分割といいます。

(2) 各共同相続人は、遺言により一定期間の遺産分割が禁止されている場合を除き、いつでも、共同相続人の協議で遺産を分割することができます。共同相続人の一人が遺産分割の申し出をした場合は、他の共同相続人は遺産分割の協議に応じる義務を負いますが、共同相続人間に協議が調わない場合や協議ができない場合には、各共同相続人は、家庭裁判所に遺産分割の調停又は審判の申立をすることができます（民法907条）。

(3) 遺産分割の制限として次の場合には遺産分割が禁止されます。
① 遺言による遺産分割の禁止として、被相続人は、遺言で、相続開始時から5年を超えない期間を定めて遺産の分割を禁止することができます（民法908条）。
② 家庭裁判所による遺産分割の禁止として、家庭裁判所は、遺産分割の申立があった場合でも、遺産分割が不適当であると考える特別の事由がある場合は、期間を定めて遺産の全部又は一部の分割を禁止する審判をすることができます（民法907条3項）。
③ 相続人の協議による遺産分割の禁止として、民法に規定はないものの、共同相続人全員の合意により5年以内の分割禁止は認められると解されています。

(4) 遺産分割の方法には、次の①指定分割、②協議分割、③審判分割・調

停分割の3つの方法があります。遺産分割は、まず、①被相続人の遺言による分割方法の指定がある場合は、それに従いますが、②遺言のない場合には、共同相続人全員の協議によって分割方法を決めます。③共同相続人間の協議が不調又は不能の場合には、家庭裁判所の審判又は調停によって分割をします。
(5) 共同相続人全員による遺産分割協議による分割の方法には、次の方法があります。
　① 現物分割とは、土地、建物、現金、預金、絵画、宝石その他の遺産の現物を分割する方法をいいます。例えば、相続人として子ＡＢＣがいる場合に、(a) 土地・建物はＡに、現金と預金はＢに、その他の遺産はＣに取得させるような場合です。(b) 1500平米の土地を500平米ずつ子3人に分割するような場合もあります。
　② 価額分割（換価分割）とは、遺産を金銭に換価して金銭を分割する方法をいいます。価額分割は、現物分割が不可能な場合や現物分割にすると著しく価値が減少する場合に利用されます。
　③ 代償分割とは、遺産の現物（例えば、土地建物）は特定の相続人に取得させて、その取得者に現物を取得しなかった他の相続人に代償（償いとして代価を出すこと）を支払う方法をいいます。
　④ その他の方法による分割の例としては、(a) 遺産の全部又は一部を共同相続人の全員又は一部の者の共有にする方法、(b) 遺産の土地を特定の相続人に取得させて他の相続人に土地の賃借権を設定させる方法があります。

7　相続の承認（単純承認・限定承認）と放棄の制度

(1) 相続人は、被相続人の死亡時点から、被相続人の一身専属権と祭祀財産を除いて、被相続人に属した一切の権利と義務を承継しますから、遺産の額よりも借金のような債務のほうが多い場合もあります。このような場合の相続人を保護するために、民法は、相続をするかどうかの次のような選択の自由を認めています。
　① 単純承認（相続人が全面的・無条件に権利義務を承継する場合）
　② 限定承認（プラスの財産の限度で債務を弁済する条件付きで承認する場合）

③ 相続放棄（相続人が全面的に相続を拒否する場合）
(2) 単純承認とは、相続人が無条件に被相続人の権利や義務を無限に承継するという意思表示をいいます（民法920条・921条）。相続人が自分のために相続が開始したこと（被相続人の死亡）を知った時から３カ月の熟慮期間内に相続放棄や限定承認をしなかった場合には、単純承認をしたものとみなされます。３カ月の期間は家庭裁判所の審判により伸長することができます。
(3) 限定承認とは、相続人が相続によって得た遺産の限度で被相続人の債務や遺贈（遺言による遺産の譲与）を弁済するとの留保を付けて承認する意思表示をいいます（民法922条）。この意思表示も相続開始を知った時から３カ月以内とされていますが、この期間は家庭裁判所の審判により伸長することができます。限定承認は、共同相続人の全員が共同してのみすることができます（民法923条）。
(4) 相続の放棄とは、相続人が相続によって発生する効果の帰属を全面的に拒絶する意思表示をいいます（民法939条）。相続の放棄によってその相続人は最初から相続人にならなかったものとみなされます。この意思表示も相続開始を知った時から３カ月以内とされていますが、この期間は家庭裁判所の審判により伸長することができます。

8 遺言書

(1) 遺言の仕方には次の７種類がありますが、①②③を普通の方式といい、その他を特別の方式といいますが、特別の方式は、普通の方式によることが不可能な場合や困難な場合にのみ例外的に認められるものです。実際に多い遺言書は、次の①自筆証書遺言と②公正証書遺言の二つです。
① 自筆証書遺言
② 公正証書遺言
③ 秘密証書遺言
④ 死亡の危急に迫った者の遺言（危急時遺言）
⑤ 船舶遭難者の遺言（危急時遺言）
⑥ 伝染病隔離者の遺言（隔絶地遺言）
⑦ 在船者の遺言（隔絶地遺言）

上記の「自筆証書遺言」とは、遺言者が、①遺言書の全文、②作成した日付、③氏名を自書（自分で書くこと）し、④押印をすることによって成立する遺言をいいます。

上記の「公正証書遺言」とは、遺言者が証人2人以上の立ち会いで公証人（公正証書などを作成する公務員）に遺言内容を口述し遺言書を公正証書として作成する遺言をいいます。公正証書とは、公証人が権限に基づき作成した書類をいいます。

(2) 遺言は、民法に定められた事項に限ってすることができます。民法に規定された事項以外の事項（例えば、葬儀の方法）について遺言をしても法的な効力は生じません。遺言のできる事項（遺言事項）には、①遺言によってのみすることのできる事項と、②遺言でも生前の行為によってもできる事項に分けることができます。

①の遺言によってのみすることのできる事項の例には次の事項があります。
　ア　相続分の指定とその指定の第三者への委託
　イ　5年以内の遺産分割の禁止
　ウ　遺産の分割方法の指定とその指定の第三者への委託
　エ　遺言執行者の指定とその指定の第三者への委託
　オ　未成年後見人や未成年後見監督人の指定

②の遺言でも生前の行為によってもできる事項の例には次の事項があります。
　ア　認知
　イ　推定相続人の廃除や廃除の取消
　ウ　祖先の祭祀の主宰者の指定
　エ　被相続人の財産の処分

9　遺言執行者

(1) 遺言執行者とは、遺言者の死亡後に遺言の内容を実現するために相続財産の管理その他の遺言の執行に必要な一切の権利義務を有する者をいいます（民法1012条）。遺言執行者のある場合は、相続人は、相続財産の処分その他の遺言の執行を妨げる行為をすることはできません（民法

1013条)。相続人が相続財産を勝手に処分した場合は、その処分は無効となります。
(2) 遺言書に遺言執行者が指定されていない場合に、遺言書の内容に認知の届け出、相続人の廃除又は廃除の取消のような遺言執行者がしなければならない事項がある場合には、相続人その他の利害関係人は、家庭裁判所に遺言執行者の選任の審判の申立をする必要があります。遺言執行者が死亡していなくなった場合も同様です。
(3) 遺言執行者の主な職務は、次の通りです。
　① 相続財産の目録の調製
　② 遺言による認知の届け出
　③ 遺言による相続人の廃除や廃除の取消
　④ 遺言による未成年後見人やこれを監督する未成年後見監督人の指定
　⑤ 預貯金の払い戻しや名義の書き換え
　⑥ 遺言の執行に関する訴訟の追行
　⑦ 金銭その他の物の指定された者への引渡

10　遺言書の検認

(1) 遺言書の検認とは、家庭裁判所が遺言書の存在と内容を確認する手続をいいます。検認は、遺言の内容の真否とか有効無効を判定するものではありませんから、検認を受けたからといって、遺言の内容は確定しませんし、検認を受けない遺言書が無効となるわけではありません。
(2) 遺言書の保管者は、相続の開始（被相続人の死亡）を知った後、遅滞なく、これを家庭裁判所に提出して検認を受ける必要があります。遺言書の保管者がいなくて相続人が遺言書を発見した場合も検認を受ける必要があります。ただし、公正証書による遺言書では検認を受ける必要はありません。
(3) 遺言書の検認を受ける場合には、遺言書の保管者又は発見した相続人が申立人として遺言者の最後の住所地の家庭裁判所に家事審判申立書を提出します。
(4) 封印のある遺言書は、家庭裁判所において相続人又はその代理人の立ち会いがなければ開封することはできません。家庭裁判所の手続によら

ずに開封をしたり検認を経ないで遺言を執行した場合は、5万円以下の過料（刑罰でない金銭罰）に処せられます。過料の制裁はあるものの、遺言書の効力には影響しません。開封は、検認の手続の中で行われますから、検認の申立のほかに開封の申立は不要です。

Q8 相続の放棄や限定承認に関する家事事件の申立は、どうするのですか

1 相続の放棄に関する家事事件の申立

(1) 相続が開始した場合（被相続人が死亡した場合）には、相続人は、次の3つの中のいずれかを選択することができます。

① 単純承認（相続人が全面的・無条件に権利義務を承継する場合）
② 限定承認（プラスの財産の限度で債務を弁済する条件付きで承継する場合）
③ 相続放棄（相続人が全面的に相続を拒否する場合）

相続の放棄とは、相続人が相続によって発生する効果の帰属を全面的に拒絶する意思表示をいいますが、相続の放棄によって、その相続人は、初めから相続人にならなかったものとみなされます。上記の②の限定承認と③の相続の放棄をする場合には、家庭裁判所にその旨の申述をする必要があります。この申述をすることができる期間は、自分のために相続の開始（被相続人の死亡）のあったことを知った時から3カ月以内とされています。3カ月の期間は、相続人その他の利害関係人の申立により家庭裁判所は伸長することができます。

(2) 申述人は、相続人ですが、相続人が未成年者（20歳未満の者）又は成年被後見人（精神上の障害により事理を弁識する能力を欠く常況にあり後見開始の審判を受けた者）の場合は、その法定代理人（親権者又は成年後見人）が代理して申述をします。

未成年者と法定代理人（例えば、親権者）が共同相続人であって未成年者のみが申述をする場合又は複数の未成年者の法定代理人が一部の未成年者を代理して申述をする場合には、その未成年者について特別代理人（利益相反行為となる場合の代理人）の選任が必要となります。例えば、親と子がともに相続人となる場合や複数の子の代理人に親がなる場合です。

(3) 申立書は、家事審判申立書の特別の書式の「相続放棄申述書」用紙を使用します。提出先は、相続開始地（被相続人の最後の住所地）の家庭裁

判所となります。申立手数料は申述人1人につき収入印紙800円分が必要ですが、そのほかに家庭裁判所の指定する種類の郵便切手も提出する必要があります。家庭裁判所の「家事手続案内」係で「相続放棄申述書」用紙の交付を受けて、次の(4)の事項を記入します。

(4) 「相続放棄申述書」用紙に記入する主な事項は次の通りです。

① 申述人の本籍、住所、氏名、生年月日、職業、被相続人との関係、電話番号

② 被相続人の本籍、最後の住所、氏名、死亡当時の職業、死亡年月日

③ 「申述の趣旨」欄に「相続の放棄をする」と記入

④ 「申述の理由」欄の次の該当項目に記入

※相続の開始を知った年月日を記入し、次のいずれかを○で囲む。

1 被相続人死亡の当日
2 死亡の通知を受けた日
3 先順位者の相続放棄を知った日
4 その他(　　　　　　　　)

※放棄の理由について次のいずれかを○で囲む。

1 被相続人から生前に贈与を受けている
2 生活が安定している
3 遺産が少ない
4 遺産を分散させたくない
5 債務超過のため
6 その他(　　　　　　　　)

※相続財産の概略

資産・・・農地・山林・宅地・建物の各面積、現金・預金・有価証券の金額

負債・・・金額

⑤ 申述人が未成年者の場合は、「法定代理人等」欄に親権者・後見人の別、法定代理人の住所、氏名、電話番号を記入

(5) 主な添付書類には次の書類がありますが、申立書作成時に家庭裁判所に確認をしておきます。

ア 申述人の戸籍謄本(戸籍の全部事項証明書)

イ　被相続人の戸籍の除籍謄本
(6)　家庭裁判所が申述を受理した場合は、申述書の末尾の余白に裁判官が「上記申述を受理する。手続費用は申述人の負担とする。平成○年○月○日　○○家庭裁判所裁判官○○○○（印）」のように記載し押印をします。申述を却下する審判に対しては、申述人は不服申立（即時抗告）をすることができます。

　　申述が受理された場合は、書記官が「相続放棄申述受理通知書」を作成して申述人に郵送します。受理されたことの証明書を必要とする場合は、この通知書と印鑑を家庭裁判所に持参して書記官から「相続放棄申述受理証明書」の交付を受けることができます。

2　相続の限定承認に関する家事事件の申立

(1)　相続が開始した場合（被相続人が死亡した場合）には、相続人は、次の3つの中のいずれかを選択することができますが、限定承認は、遺産の額より債務の額のほうが多いのかどうか不明の場合に遺産の限度で被相続人の債務を弁済するとの留保を付けて承認をする場合に利用されます。
　①　単純承認（相続人が全面的・無条件に権利義務を承継する場合）
　②　限定承認（プラスの財産の限度で債務を弁済する条件付きで承継する場合）
　③　相続放棄（相続人が全面的に相続を拒否する場合）
　　②の限定承認をする場合には、家庭裁判所にその旨の申述をする必要があります。この申述をすることができる期間は、自分のために相続の開始（被相続人の死亡）のあったことを知った時から3カ月以内とされています。3カ月の期間は、相続人その他の利害関係人の申立により家庭裁判所は伸長することができます。
(2)　申述人は、相続人（相続放棄をした者は除く）の全員となります。限定承認は、共同相続人の全員が共同してのみすることができます（民法923条）。
(3)　申立書は、家事審判申立書用紙（Q2の3の(3)参照）を使用し、事件名の欄には、「相続の限定承認」と記入します。申立書の提出先は、相続開始地（被相続人の最後の住所地）の家庭裁判所となります。申立手数料は相続人1人につき収入印紙800円分が必要ですが、そのほかに家庭

裁判所の指定する種類の郵便切手も提出する必要があります。
(4) 「家事審判申立書（相続の限定承認）」用紙に記入する主な事項は次の通りです。
　① 申述人全員の本籍、住所、氏名、生年月日、職業、電話番号
　　（申立人欄を申述人と訂正して使用します）
　② 被相続人の本籍、最後の住所、氏名、生年月日
　③ 「申立の趣旨」欄に「被相続人の相続の限定承認をする」と記入
　④ 「申立の理由」欄に次の記載例のように理由を箇条書きで記入
　　ア　申述人らは、被相続人の子であり、相続人は申述人の二人だけである。
　　イ　被相続人は、平成○年○月○日に死亡して相続が開始し、申述人らは被相続人の死亡当日に相続の開始を知った。
　　ウ　被相続人の遺産は別紙「遺産目録」記載の通りであるが、相当の債務もあることから、申述人らは、相続によって得た財産の限度で債務を弁済することにしたいので、限定承認をすることを申述する。
　　エ　相続財産管理人には申述人の○○○○を選任されたく上申する。
　⑤ 家事審判申立書上部の申立人欄には相続人全員の署名と押印が必要
　⑥ 別紙の「遺産目録」には次例のように区分して、土地建物については不動産登記簿の通りに記載します。
　　ア　土地の所在場所、地番、地目、地積
　　イ　建物の所在場所、家屋番号、種類、構造、各階の床面積
　　ウ　○○銀行○○支店定期預金（口座番号0000000）　　金額000万円
　　エ　○○銀行○○支店普通預金（口座番号0000000）　　金額000万円
　　オ　○○建設株式会社株式　　　　　　　　　　　　　　000株
　　カ　現金　　　　　　　　　　　　　　　　　　　　　　金額000万円
　　キ　負債　債権者○○銀行○○支店　借入金000万円利息○％、損害金○％
　　ク　負債　債権者○○農協○○支店　借入金000万円利息○％、損害金○％
　　その他の負債については未調査

(5) 主な添付書類には次の書類がありますが、申立書作成時に家庭裁判所に確認をしておきます。
　　ア　申述人の戸籍謄本（戸籍の全部事項証明書）
　　イ　被相続人の戸籍の除籍謄本
　　ウ　遺産目録

3　相続の承認又は放棄の期間の伸長に関する家事事件の申立

(1) 相続が開始した場合（被相続人が死亡した場合）には、相続人は、自分のために相続の開始があったことを知った時から３カ月の熟慮期間内に、単純承認、限定承認、相続放棄のいずれかを選択する必要があります。しかし、遺産の種類や数量が多くて３カ月では遺産の調査ができず、いずれかを選択することができない場合には、家庭裁判所は、申立により３カ月の期間を伸長することができます。

(2) 申立人は、相続人その他の利害関係人、検察官となります。この伸長の申立は法定の熟慮期間の３カ月以内にする必要があります。

(3) 申立書は、家事審判申立書用紙（Q2の3の（3）参照）を使用し、事件名の欄には、「相続の承認又は放棄の期間伸長」と記入します。申立書の提出先は、相続開始地（被相続人の最後の住所地）の家庭裁判所となります。申立手数料は相続人１人につき収入印紙800円分が必要ですが、そのほかに家庭裁判所の指定する種類の郵便切手も提出する必要があります。

(4) 「家事審判申立書（相続の承認又は放棄の期間伸長）」用紙に記入する主な事項は次の通りです。
　① 申立人の本籍、住所、氏名、生年月日、職業、電話番号
　② 被相続人の本籍、最後の住所、氏名、生年月日、死亡当時の職業
　③ 「申立の趣旨」欄には、例えば、「申立人が、被相続人○○○○の相続の承認又は放棄をする期間を平成○年○月○日まで伸長するとの審判を求める」と記入
　④ 「申立の理由」欄には、例えば、次の記載例のように理由を箇条書きで記入
　　ア　申立人は、被相続人の長男であり、被相続人は、平成○年○月○

　　　　日に死亡して相続が開始し、申立人は、被相続人の死亡当日に相続の開始を知った。
　　　イ　申立人は、被相続人の遺産の調査をしているが、被相続人は、幅広く事業を行っていたことから、遺産は全国各地に分散しているほか、相当の債務もある。
　　　ウ　そのため法定期間内に相続を承認するか放棄するかの判断をすることは困難であるので、この期間を平成○年○月○日まで伸長していただきたく申立の趣旨記載の通りの審判を求める。
(5) 主な添付書類には次の書類がありますが、申立書作成時に家庭裁判所に確認をしておきます。
　　　ア　申立人の戸籍謄本（戸籍の全部事項証明書）
　　　イ　被相続人の戸籍の除籍謄本

Q9 遺言書、遺言執行者、遺留分に関する家事事件の申立は、どうするのですか

1　遺言書の検認に関する家事事件の申立

(1)　公正証書による遺言書以外の遺言書の保管者又は遺言書を発見した相続人は、遺言者の死亡後、遅滞なく、遺言書を家庭裁判所に提出して遺言書の検認を受ける必要があります。検認とは、家庭裁判所が遺言書の存在と内容を確認する手続をいいますが、遺言書の内容の真否や有効無効を判定するものではありませんから、検認を受けたからといって遺言の効力は確定しませんし、検認を受けない遺言書が無効となるわけではありません。

　　封印のある遺言書は、家庭裁判所において相続人又はその代理人の立ち会いがなければ、開封するこができないこととされていますが、開封は検認手続の中で行われますから、開封の申立は必要ありません。検認や開封の手続を怠った場合は過料の制裁があります。

(2)　申立人は、遺言書の保管者又は遺言書を発見して相続人となります。

(3)　申立書は、家事審判申立書用紙（Q2の3の(3)参照）を使用し、事件名の欄には、「遺言書の検認」と記入します。申立書の提出先は、相続開始地（遺言者の最後の住所地）の家庭裁判所となります。申立手数料は遺言書1通につき収入印紙800円分が必要ですが、そのほかに家庭裁判所の指定する種類の郵便切手も提出する必要があります。

(4)　「家事審判申立書（遺言書の検認）」用紙に記入する主な事項は次の通りです。

　　①　申立人の本籍、住所、氏名、生年月日、職業、電話番号
　　②　遺言者の本籍、最後の住所、氏名、生年月日
　　③　各相続人の本籍、住所、氏名、生年月日（別紙に記載して添付します）
　　④　「申立の趣旨」欄には、例えば、「遺言者の自筆証書による遺言書の検認を求める」と記入

⑤ 「申立の理由」欄には、例えば、次の記載例のように理由を箇条書きで記入
　　ア　申立人は、遺言者から平成〇年〇月〇日に遺言書を預かり、申立人の自宅の金庫に保管していた。
　　イ　申立人は、遺言者が平成〇年〇月〇日に死亡したので、遺言書の検認を求める。
　　ウ　相続人は、別紙に記載した通りである。
(5)　主な添付書類には次の書類がありますが、申立書作成時に家庭裁判所に確認をしておきます。
　　ア　遺言者の出生から死亡までの戸籍の除籍謄本
　　イ　相続人全員の戸籍謄本（戸籍の全部事項証明書）
　　ウ　封印のない場合の遺言書写し（封印とは封筒に封のためにした押印をいいますが、封印のある場合は申立人が封筒のまま検認期日に持参します）
　　エ　申立人が相続人でない場合は免許証その他の身分証明書写し
(6)　検認の申立を取り下げるには、検認の行われる前であっても家庭裁判所の許可が必要ですが、申立人は、取り下げの理由を明らかにする必要があります。
(7)　家庭裁判所の検認の手続の要点は次の通りです。
　　①　通常は家庭裁判所の裁判官の審問（関係人の陳述を聴くこと）がなされます。
　　②　家庭裁判所は、相続人全員と利害関係人に検認の期日を通知します。
　　③　検認の期日には、示された遺言書について、出頭者は、意見を述べることができます。
　　④　検認の終了後、書記官が「この遺言書は平成〇年〇月〇日検認されたことを証明する」旨を記載した「検認済証明書」を作成して遺言書の末尾に綴り契印をして申立人に交付します。
　　⑤　書記官は、検認に立ち会わなかった相続人や受遺者（遺言により遺贈を受ける者）に対して検認がなされた旨を通知します。

2　遺言執行者の選任に関する家事事件の申立

(1)　Q7の9で述べたように、遺言書により遺言執行者による遺言の執行

が必要な場合（例えば、認知の届け出、相続人の廃除や廃除の取消）に、遺言執行者が指定されていない場合や遺言執行者がなくなった場合には、相続人その他の利害関係人の申立により家庭裁判所が遺言執行者を選任することができます。遺言執行者とは、相続財産の管理その他の遺言の執行に必要な一切の行為をする権利義務を有する者をいいます。

(2)　申立人は、相続人その他の利害関係人となります。例えば、遺言者の債権者、遺贈（遺言による遺産の譲与）を受けた者も含まれます。

(3)　申立書は、家事審判申立書用紙（Q2の3の（3）参照）を使用し、事件名の欄には、「遺言執行者の選任」と記入します。申立書の提出先は、相続開始地（遺言者の最後の住所地）の家庭裁判所となります。申立手数料は遺言書1通につき収入印紙800円分が必要ですが、そのほかに家庭裁判所の指定する種類の郵便切手も提出する必要があります。

(4)　「家事審判申立書（遺言執行者の選任）」用紙に記入する主な事項は次の通りです。

　①　申立人の本籍、住所、氏名、生年月日、職業、電話番号
　②　遺言者の本籍、最後の住所、氏名、生年月日、死亡当時の職業
　③　「申立の趣旨」欄には、例えば、「遺言者の平成○年○月○日にした遺言につき、遺言執行者を選任するとの審判を求める」と記入
　④　「申立の理由」欄には、例えば、次の記載例のように理由を箇条書きで記入
　　　ア　申立人は、遺言者から別紙の遺言書写し記載の通り、遺言者所有の土地の遺贈を受けた者である。
　　　イ　この遺言書は、平成○年○月○日に御庁において検認を受けたが（平成○年（家）第○○○号）、遺言執行者の指定がないので、その選任を求める。
　　　ウ　遺言執行者として弁護士である次の者を選任することを希望する。
　　　　　　住所　　○県○市○町○丁目○番○号
　　　　　　氏名　　○○○○（生年月日　昭和○年○月○日）
　　　　　　事務所　○県○市○町○丁目○番○号　　○○法律事務所

(5)　主な添付書類には次の書類がありますが、申立書作成時に家庭裁判所

に確認をしておきます。
- ア　遺言者の死亡の記載のある戸籍の除籍謄本
- イ　遺言書の写し
- ウ　申立人の戸籍謄本（遺言者の親族でない場合は、例えば、金銭消費貸借契約書写しのような利害関係を証する書類）
- エ　遺言執行者の候補者の住民票

3　遺留分の放棄の許可に関する家事事件の申立

(1)　遺留分とは、被相続人の兄弟姉妹以外の相続人（子、直系尊属、配偶者）のために法律上確保される最低限度の分け前の割合をいいます。遺留分を有する相続人を遺留分権利者といいますが、遺留分を侵害した贈与や遺贈のような処分は、遺留分権利者が減殺（減らすこと）の請求をした場合には、その遺留分を侵害する限度で効力を失います。遺留分の割合は次の通りです。
①　直系尊属だけの場合は、遺産の3分の1
②　その他の場合は、遺産の2分の1
　　遺留分の放棄は相続の開始前でもできますが、家庭裁判所の許可を得た場合に限り放棄の効力を生じます。相続開始後の放棄には家庭裁判所の許可は不要です。

(2)　申立人は、遺留分を有する推定相続人（相続開始により相続人となるべき者）となります。法定相続人の中の兄弟姉妹を除く相続人に限られます。遺留分放棄の許可の申立の時期は、相続開始前（被相続人となる者の生存中）に限られます。

(3)　申立書は、家事審判申立書用紙（Q2の3の(3)参照）を使用し、事件名の欄には、「遺留分の放棄の許可」と記入します。申立書の提出先は、被相続人となる者の住所地の家庭裁判所となります。申立手数料は1件につき収入印紙800円分が必要ですが、そのほかに家庭裁判所の指定する種類の郵便切手も提出する必要があります。

(4)　「家事審判申立書（遺留分の放棄の許可）」用紙に記入する主な事項は次の通りです。
①　申立人の本籍、住所、氏名、生年月日、職業、電話番号

② 被相続人の本籍、住所、氏名、生年月日、職業
③ 「申立の趣旨」欄には、例えば、「被相続人〇〇〇〇の相続財産に対する遺留分を放棄することを許可する旨の審判を求める」と記入
④ 「申立の理由」欄には、例えば、次の記載例のように理由を箇条書きで記入
　ア　申立人は、被相続人の長男であるが、1年前に自宅を購入するに際して、被相続人から多額の資金援助を受けており、申立人は会社役員として相当の収入もあるので生活は安定している。
　イ　このような事情から、申立人は、被相続人の遺産を相続する意思がなく、相続開始前において遺留分を放棄したいと考えているので、申立の趣旨の通りの審判を求める。
(5) 主な添付書類には次の書類がありますが、申立書作成時に家庭裁判所に確認をしておきます。
　　ア　申立人の戸籍謄本（戸籍の全部事項証明書）
　　イ　被相続人の戸籍謄本（戸籍の全部事項証明書）

Q10 相続財産管理人、特別縁故者に関する家事事件の申立は、どうするのですか

1 相続財産管理人の選任に関する家事事件の申立

(1) 相続財産管理人とは、相続人が存在することが明らかでない場合に、被相続人の債権者その他の利害関係人の申立により家庭裁判所が相続財産の管理をするために選任する者をいいます。相続人が存在することが明らかでない場合には、存在した相続人の全員が相続の放棄をして相続人が不存在となった場合も含まれます。相続財産管理人は、被相続人の債権者その他の利害関係人（例えば、遺贈を受けた者、特別縁故者）に対して被相続人の債務を支払うなどをして清算を行いますが、清算して残った財産は国庫に帰属することになります。特別縁故者（被相続人と生計を同じくしていた者、被相続人の療養看護に努めた者その他の被相続人と特別の縁故のあった者）に相続財産の分与がなされる場合もあります。

(2) 申立人は、被相続人の債権者、特定遺贈（遺産中の特定の財産の譲与）を受けた者、特別縁故者のような利害関係人となります。

(3) 申立書は、家事審判申立書用紙（Q2の3の(3)参照）を使用し、事件名の欄には、「相続財産管理人の選任」と記入します。申立書の提出先は、被相続人の最後の住所地（相続開始地）の家庭裁判所となります。申立手数料は1件につき収入印紙800円分が必要ですが、そのほかに家庭裁判所の指定する種類の郵便切手も提出する必要があります。

(4) 「家事審判申立書（相続財産管理人の選任）」用紙に記入する主な事項は次の通りです。

① 申立人の本籍、住所、氏名、生年月日、職業、電話番号
② 被相続人の本籍、最後の住所、氏名、生年月日、死亡当時の職業
③ 「申立の趣旨」欄には、「被相続人の相続財産管理人を選任するとの審判を求める」と記入（裁判所が弁護士その他の適任者を選任します）
④ 「申立の理由」欄には、例えば、次の記載例のように理由を箇条書

きで記入
    ア　申立人は、被相続人の亡妻の弟であるが、平成○年○月頃から被相続人の依頼により別紙目録記載の土地を管理してきた。
    イ　被相続人は、平成○年○月○日に死亡し相続が開始したが、相続人のあることが明らかでなく、遺言の存否も不明なので、申立人が管理する土地を引き継ぐことができないので、申立の趣旨の通りの審判を求める。
(5) 主な添付書類には次の書類がありますが、申立書作成時に家庭裁判所に確認をしておきます。
    ア　申立人の戸籍謄本（申立人が被相続人の債権者の場合は金銭消費貸借契約書のような債権者であることを証する書類写し）
    イ　被相続人の出生から死亡までの戸籍の除籍謄本
    ウ　遺産目録（土地の場合は、所在、地番、地目、地積を記載し、建物の場合は所在、家屋番号、種類、構造、床面積を登記簿謄本の通りに記載します）

2　特別縁故者に対する相続財産分与に関する家事事件の申立

(1) 特別縁故者とは、被相続人と生計を同じくしていた者、被相続人の療養看護に努めた者その他の被相続人と特別の縁故があった者をいいます。例えば、被相続人の内縁の妻や戸籍上の届け出のない事実上の養子が典型例ですが、特別養護老人ホーム、介護老人保健施設、菩提寺（宗教法人）のような法人も特別縁故者として認められます。特別縁故者が複数存在する場合は、具体的、実質的に縁故の濃淡の程度に応じた分与をします。

特別縁故者に対する相続財産の分与は、相続人の存在が明らかでない場合に家庭裁判所により選任された相続財産管理人が被相続人の債務の清算を行った後、家庭裁判所の相続人を捜索するための公告で定められた期間内に相続人である権利を主張する者がなかった場合、家庭裁判所は、相当と認める場合は被相続人と特別の縁故のあった者の請求によって、その者に清算後の残った遺産の全部又は一部を与えることができます。

(2) 申立人は、①被相続人と生計を同じくしていた者、②被相続人の療養看護に努めた者、③その他の被相続人と特別の縁故のあった者となります。申立のできる期間は、家庭裁判所の相続人を捜索するための公告で定められた期間の満了後3カ月以内とされています。

(3) 申立書は、家事審判申立書用紙（Q2の3の(3)参照）を使用し、事件名の欄には、「特別縁故者に対する相続財産分与」と記入します。申立書の提出先は、被相続人の最後の住所地（相続開始地）の家庭裁判所となります。申立手数料は1件につき収入印紙800円分が必要ですが、そのほかに家庭裁判所の指定する種類の郵便切手も提出する必要があります。

(4) 「家事審判申立書（特別縁故者に対する相続財産分与）」用紙に記入する主な事項は次の通りです。

① 申立人の住所、氏名、生年月日、職業、電話番号
② 被相続人の本籍、最後の住所、氏名、生年月日、死亡当時の職業
③ 「申立の趣旨」欄には、「申立人に対し、被相続人の相続財産を分与するとの審判を求める」と記入
④ 「申立の理由」欄には、例えば、次の記載例のように理由を箇条書きで記入
　ア　申立人は、平成○年○月○日から被相続人の内縁の妻として被相続人と同棲をしてきたが、ここ5年間は病気の被相続人の療養看護に努めてきた。
　イ　被相続人は、平成○年○月○日に死亡したが、相続人がいないので、私の申立により平成○年○月○日に○家庭裁判所において相続財産管理人として○○○○が選任され、同裁判所は、相続財産管理人の申立に基づき相続人捜索の公告をし、平成○年○月○日に公告期間は満了したが、権利の申し出はなかった。
　ウ　被相続人には、別紙遺産目録の通り遺産があり、この遺産は、申立人の協力により得たものであるが、被相続人の遺言はなかった。
　エ　よって、相続債務清算後の残余財産は、被相続人と特別縁故関係にある申立人に分与されたく申立をする。
⑤ 遺産目録には次の事項を記載します。
　ア　土地については、所在、地番、地目、地積

イ　建物については、所在、家屋番号、種類、構造、床面積
　　　ウ　預金については、銀行名と支店名、預金種別、口座番号、口座名義、金額
　　　エ　現金については、金額
　　　オ　株式については、会社名、株式数
(5)　主な添付書類には次の書類がありますが、申立書作成時に家庭裁判所に確認をしておきます。
　　　ア　申立人の住民票
　　　イ　遺産目録

Q11 失踪宣告、不在者財産管理人選任に関する家事事件の申立は、どうするのですか

1　失踪宣告に関する家事事件の申立

(1)　失踪宣告とは、人の生死不明の状態が一定期間継続した場合に、その者の配偶者、相続人その他の利害関係人の請求によって家庭裁判所の審判で死亡したものとみなす制度をいいます。失踪宣告には、①不在者（従来の住所や居所を去って容易に戻る見込みのない者）が7年間生死不明の場合の普通失踪と、②戦地や沈没船中のような危難に遭遇し1年間生死不明の場合の特別失踪があります。死亡したものとみなされる時点は、①普通失踪では7年間の期間満了時点、②特別失踪では危難の去った時点とされています。いずれの場合も、失踪宣告がなされた場合に相続が開始します。

(2)　申立人は、不在者の配偶者、不在者の相続人にあたる者、不在者の財産管理人、受遺者（遺言により贈与を受ける者として指定された者）のような利害関係人となります。

(3)　申立書は、家事審判申立書用紙（Q2の3の(3)参照）を使用し、事件名の欄には、「失踪宣告」と記入します。申立書の提出先は、不在者の従来の住所地又は居所地の家庭裁判所となります。申立手数料は1件につき収入印紙800円分が必要ですが、そのほかに家庭裁判所の指定する種類の郵便切手も提出する必要があります。別に失踪宣告の審判をするには家庭裁判所は失踪宣告の申立があったことや失踪宣告を公告する必要がありますから、その官報公告費用として家庭裁判所の指定する額（約4300円）を納付します。

(4)　「家事審判申立書（失踪宣告）」用紙に記入する主な事項は次の通りです。

　①　申立人の本籍、住所、氏名、生年月日、職業、電話番号
　②　不在者の本籍、最後の住所、氏名、生年月日、失踪当時の職業
　③　「申立の趣旨」欄には、「不在者に対し失踪宣告をするとの審判を求

める」と記入
　④　「申立の理由」欄には、例えば、次の記載例のように理由を箇条書きで記入
　　ア　申立人は、不在者の妻であるが、不在者は、平成〇年〇月〇日の朝7時頃会社に出勤すると言って自宅を出たまま帰宅しなかったので、会社の知人、友人、親戚等に照会し警察にも捜索願を提出して不在者の行方を捜したが、現在までその所在は判明しない。
　　イ　不在者が行方不明となって既に7年以上も経過し、その生死が不明であり、不在者が申立人のもとに帰来する見込みもないので、申立の趣旨の通りの審判を求める。
(5)　主な添付書類には次の書類がありますが、申立書作成時に家庭裁判所に確認をしておきます。
　　ア　申立人の戸籍謄本（親族以外の場合は利害関係を証する金銭消費貸借契約書写しのような書類）
　　イ　不在者の戸籍謄本
　　ウ　失踪を証する書類（例えば、不在者の親族の陳述書）
(6)　家庭裁判所は、失踪宣告の審判をするに際して、次の事項を公告し、②と④の期間が経過しなければ審判をすることができません。②④の期間は普通失踪にあっては3カ月、特別失踪にあっては1カ月を下ってはならないとされています（家事事件手続法148条）。
　①　不在者について失踪宣告の申立があったこと
　②　不在者は、一定の期間までにその生存の届け出をすべきこと
　③　上記②の届け出がない場合は失踪宣告がされること
　④　不在者の生死を知る者は、一定の期間までに届け出をすべきこと
(7)　失踪宣告の審判が確定した場合は、書記官は、直ちに公告手続をするとともに失踪者の本籍地の市区町村長あてに戸籍に関する通知をします。申立人は、審判の確定日から10日以内に失踪宣告審判書謄本と確定証明書を添付して戸籍法による届け出をする必要があります。

2　不在者財産管理人選任に関する家事事件の申立

(1)　不在者とは、従来の住所又は居所を去ったまま容易に戻る見込みのな

い者をいいます。不在者が、その財産の管理人を置かなかった場合又は本人の不在中に管理人の権限が消滅した場合は、家庭裁判所は、利害関係人の申立により財産管理について必要な処分を命ずることができますが、その処分の一つとして不在者財産管理人の選任があります。

(2) 申立人は、不在者の配偶者、不在者の相続人にあたる者、不在者の債権者のような利害関係人となります。

(3) 申立書は、家事審判申立書用紙（Q2の3の(3)参照）を使用し、事件名の欄には、「不在者財産管理人選任」と記入します。申立書の提出先は、不在者の従来の住所地又は居所地の家庭裁判所となります。申立手数料は1件につき収入印紙800円分が必要ですが、そのほかに家庭裁判所の指定する種類の郵便切手も提出する必要があります。

(4) 「家事審判申立書（不在者財産管理人選任）」用紙に記入する主な事項は次の通りです。

　① 申立人の本籍、住所、氏名、生年月日、職業、電話番号
　② 不在者の本籍、最後の住所、氏名、生年月日、職業
　③ 「申立の趣旨」欄には、「不在者の財産管理人を選任するとの審判を求める」と記入
　④ 「申立の理由」欄には、例えば、次の記載例のように理由を箇条書きで記入
　　ア 申立人は、不在者の兄であるが、不在者は、平成○年○月○日の朝7時頃会社に出勤すると言って自宅を出たまま帰宅しなかったので、会社の知人、友人、親戚等に照会し警察にも捜索願を提出して不在者の行方を捜したが、現在までその所在は判明しない。
　　イ 平成○年○月○日に不在者の父Aが死亡し、別紙遺産目録記載の財産につき不在者が共有持分3分の1を取得した。
　　ウ このたび、亡父Aの共同相続人間で遺産分割協議をすることになったが、不在者は財産管理人を置いていないため遺産分割協議ができないので、申立の趣旨の通りの審判を求める。
　　エ 財産管理人として不在者のおじ（亡Aの弟）である次の者を選任することを希望する。
　　　　　住所　○県○市○町○丁目○番○号

　　　　氏名　〇〇〇〇　（昭和〇年〇月〇日生、職業は会社役員）
　⑤　遺産目録には次の事項を記載します。
　　　ア　土地については、所在、地番、地目、地積
　　　イ　建物については、所在、家屋番号、種類、構造、床面積
　　　ウ　預金については、銀行名と支店名、預金種別、口座番号、口座名義、金額
　　　エ　現金については、金額
　　　オ　株式については、会社名、株式数
(5)　主な添付書類には次の書類がありますが、申立書作成時に家庭裁判所に確認をしておきます。
　　　ア　申立人の戸籍謄本（親族以外の場合は利害関係を証する金銭消費貸借契約書写しのような書類）
　　　イ　不在者の戸籍謄本
　　　ウ　不在者財産管理人の候補者の住民票
　　　エ　遺産目録

Q12 遺産分割、寄与分に関する家事事件の申立は、どうするのですか

1　遺産分割に関する家事調停事件の申立

(1)　遺産の分割とは、同順位の相続人が複数いる場合に、各相続人の相続分に従って、誰がどの遺産を取るのかを定めることをいいます。遺産の分割について共同相続人間に協議が調わない場合や協議ができない場合には、各共同相続人は、他の共同相続人全員を相手方として遺産分割を家庭裁判所に請求することができます。

　　遺産分割は、家事事件手続法の「別表第二」の事件ですから、調停又は審判のいずれの手続も利用できますが、通常は調停の申立をして調停不成立の場合に審判手続に移行します。最初に審判の申立があっても、家庭裁判所は、当事者の意見を聴いて、いつでも職権で調停に付することができます（家事事件手続法274条1項）。調停不成立の場合は、調停申立の時に審判の申立があったものとみなされ、最終的には審判手続により解決されます。

(2)　遺産分割調停の申立人は、各共同相続人、包括受遺者（遺産の全部又は一定割合の遺贈を受けた者）、相続分の譲受人となります。

(3)　調停申立書は、家事調停申立用紙（Q2の3の（4）参照）又は特別の書式「遺産分割調停申立書」用紙を使用します。特別の書式のある場合は、簡単に記入できるように工夫されていますから、その特別の用紙を使用します。調停申立書の提出先は、相手方となる共同相続人の中の一人の住所地の家庭裁判所又は当事者が合意で定める家庭裁判所となります。調停申立書の写しは、家庭裁判所から申立内容を知らせるために相手方に対して原則として送付されます。調停申立手数料は、被相続人1人につき収入印紙1200円分が必要ですが、そのほかに家庭裁判所の指定する種類の郵便切手も提出する必要があります。

(4)　特別の書式「遺産分割調停申立書」用紙に記入する主な事項は次の通

りです。
① 申立人の本籍、住所、氏名、生年月日、被相続人との続柄（別紙に記入）
② 被相続人の本籍、最後の住所、氏名、死亡年月日
③ 各相手方の本籍、住所、氏名、生年月日、被相続人との続柄（別紙に記入）
④ 「申立の趣旨」欄には、「被相続人の遺産の分割の調停を求める」と記入
⑤ 「申立の理由」欄には、次の記載例の□の該当欄にレを記入

  遺産の種類及び内容　　別紙遺産目録記載の通り
  被相続人の債務　　□有　　□無　　□不明
  特別受益　　　　　□有　　□無　　□不明
  遺言　　　　　　　□有　　□無　　□不明
  遺産分割協議書　　□有　　□無　　□不明
  申立の動機　　□分割の方法が決まらない
  　　　　　　　□相続人の資格に争いがある
  　　　　　　　□遺産の範囲に争いがある
  　　　　　　　□その他（　　　　　　　　）

⑥ 「遺産目録」として次の事項を記載して作成します。土地・建物については、不動産登記簿の記載の通りとします。
 ア　土地については、所在、地番、地目、地積
 イ　建物については、所在、家屋番号、種類、構造、床面積
 ウ　預金については、銀行名と支店名、預金種別、口座番号、口座名義、金額
 エ　現金については、金額
 オ　株式については、会社名、株式数
⑦ 被相続人から生前に贈与を受けたりして特別の利益を得ている者がいる場合は、遺産目録の記載に準じて「特別受益目録」を作成します。

(5) 主な添付書類には次の書類がありますが、申立書作成時に家庭裁判所に確認をしておきます。
 ア　申立人の戸籍謄本（親族以外の場合は申立権を証する書類写し）

イ　被相続人の出生から死亡までの戸籍の除籍謄本
　　ウ　相手方（各共同相続人）の戸籍謄本
　　エ　遺産目録
　　オ　特別受益目録
　　カ　不動産登記簿謄本（全部事項証明書）
　　キ　固定資産評価証明書
　　ク　預金通帳写し、有価証券写し

2　寄与分を定める処分に関する家事調停事件の申立
(1)　寄与分とは、被相続人の財産の維持や増加に特別の寄与をした相続人の取り分をいいます。共同相続人の中に、①被相続人の事業に関する労務の提供又は財産上の給付、②被相続人の療養看護、③その他の方法によって、被相続人の財産の維持又は増加について特別の寄与をした者（寄与者）に特別の寄与に相当する額（寄与分）を取得させて共同相続人間の公平を図ることにしています。寄与分は、共同相続人間の協議によって定めますが、協議が調わない場合又は協議不能の場合は、寄与者の請求によって家庭裁判所が定めます。
　　　寄与分を定める処分は、家事事件手続法の「別表第二」の事件ですから、調停又は審判のいずれの手続も利用できますが、通常は調停の申立をして調停不成立の場合に審判手続に移行します。最初に審判の申立があっても、家庭裁判所は、当事者の意見を聴いて、いつでも職権で調停に付することができます。調停不成立の場合は、調停申立の時に審判の申立があったものとみなされ、最終的には審判手続により解決されます。寄与の態様は無数にありますから、相続人間の協議が不調又は不能の場合は、結局、家庭裁判所の判断によります。
(2)　寄与分を定める処分調停の申立人は、寄与者（被相続人の事業に関する労務の提供又は財産上の給付、被相続人の療養看護その他の方法により被相続人の財産の維持又は増加について特別の寄与をした相続人）となります。相手方は、寄与者以外の共同相続人全員となります。
(3)　調停申立書は、家事調停申立書用紙（Q2の3の(4)参照）を使用します。事件名の欄には「寄与分」と記入します。調停申立書の提出先は、相手

方となる共同相続人の中の一人の住所地の家庭裁判所又は当事者が合意で定める家庭裁判所となりますが、遺産分割事件が係属している場合は、その事件の係属している家庭裁判所となります。調停申立書の写しは、家庭裁判所から申立内容を知らせるために相手方に対して原則として送付されます。調停申立手数料は、申立人1人につき収入印紙1200円分が必要ですが、そのほかに家庭裁判所の指定する種類の郵便切手も提出する必要があります。

(4) 「家事調停申立書（寄与分）」用紙に記入する主な事項は次の通りです。
  ① 申立人の本籍、住所、氏名、生年月日
  ② 相手方の本籍、住所、氏名、生年月日
  ③ 被相続人の本籍、最後の住所、氏名、生年月日
  ④ 「申立の趣旨」欄には、「申立人の寄与分を定める調停を求める」と記入
  ⑤ 「申立の理由」欄には、次の記載例のように箇条書きで記入
    ア 申立人は、被相続人A（平成○年○月○日死亡）の長男であり、相手方Bは二男、相手方Cは三男である。被相続人は、マンション建設の会社を経営していた。
    イ 申立人は、昭和○年3月に高校を卒業すると同時に、被相続人の希望により被相続人の建設会社の仕事をするようになった。二男は銀行員になり、三男は高校教師となって建設会社の仕事に従事することはなかった。
    ウ 申立人は、20年前に被相続人の会社の役員になり、ここ20年間ほどで売り上げや利益は大きく増加した。この間、申立人は、被相続人と同居をし生活をともにしてきた。
    エ 申立人は、相手方らに対し、被相続人の遺産の分割協議に際し、上記の労務の提供による被相続人の財産の増加や維持に対する申立人の寄与を主張したが、相手方らはこれに応じないので、本件申立をする。

(5) 主な添付書類には次の書類がありますが、申立書作成時に家庭裁判所に確認をしておきます。
  ア 申立人の戸籍謄本、住民票

イ　被相続人の出生から死亡までの戸籍の除籍謄本
ウ　相手方（各共同相続人）の戸籍謄本、住民票
エ　遺産に関する資料（例えば、不動産登記簿謄本、固定資産評価証明書、預金通帳写し、有価証券写し）

第3章●
親子に関する家事事件の申立は、どうするのですか

Q13 養子縁組許可、特別養子縁組成立に関する家事事件の申立は、どうするのですか

1 養子縁組許可に関する家事事件の申立

(1) 養子縁組とは、当事者間において親とその嫡出子（法律上の婚姻関係にある男女の子）との間の親子関係と同一の法律関係を設定することを目的とする身分上の契約をいいます。この場合の親を養親といい、子を養子といいます。未成年者を養子とする場合又は後見人が被後見人を養子とする場合には、家庭裁判所の許可が必要です。ただし、自己又は配偶者の直系卑属（例えば、子、孫）を養子とする場合は家庭裁判所の許可は必要ありません。家庭裁判所の許可を必要としない場合は、養親となるべき者と養子となるべき者との合意に基づく「養子縁組届」が受理されることによって養子縁組が成立しますが、家庭裁判所の許可を要する場合は、届け出に際して家庭裁判所の審判書謄本の提出が必要となります。養子縁組の制度には、Ｑ13の１の「普通養子縁組」とＱ13の２の「特別養子縁組」の制度があります。この両者の相違は次の通りです。

① 各制度の目的は、普通養子には限定はありませんが、特別養子では専ら養子の利益を図ることにあります。特別養子の制度は、実親との親子関係を終了させ、養親との間に実親子と同様の親子関係を成立させたい場合に利用されます。

② 縁組の成立には、普通養子では当事者の合意と戸籍の届出によって成立しますが、未成年者を養子とする場合と後見人が被後見人を養子とする場合には家庭裁判所の許可が必要です。特別養子は家庭裁判所の審判によって成立します。

③ 養親の資格は、普通養子では成年に達していることは必要ですが、婚姻はしていなくてもよいとされます。特別養子では、配偶者のある原則として25歳以上の者とされます。

④ 養子となる者の資格は、普通養子では養親より年長でなく、養親の

尊属でなければ20歳以上でもよいとなっています。特別養子では審判申立時に原則として6歳未満であることが必要です。
　⑤　縁組の効果は、普通養子では実方の父母や親族との親族関係は終了しませんが、特別養子では実方の父母や親族との親族関係は終了します。
　⑥　離縁は、普通養子では協議離縁や裁判離縁も認められますが、特別養子では原則として許されません。
(2)　未成年者を養子とする場合の養子縁組許可の申立人は、養親となる者となります。養親となる者は成年者（20歳以上の者）である必要がありますが、婚姻によって成年とみなされた者も含まれます。
(3)　申立書は、家事審判申立書用紙（Q2の3の（3）参照）又は特別の書式「養子縁組許可申立書」用紙を使用しますが、特別の書式がある場合にはその用紙を使用します。申立書の提出先は、養子となる者の住所地の家庭裁判所となります。申立手数料は養子となる者1人につき収入印紙800円分が必要ですが、そのほかに家庭裁判所の指定する種類の郵便切手も提出する必要があります。
(4)　未成年者を養子とする場合の「養子縁組許可申立書」用紙に記入する主な事項は、次の通りです。
　①　申立人（養父となる者と養母となる者の両方）の本籍、住所、氏名、生年月日、電話番号
　②　未成年者（養子となる者）の本籍、住所、氏名、生年月日、在校名又は職業、養親となる者との関係
　③　「申立の趣旨」欄には、「申立人が未成年者を養子とすることの許可を求める」と記入
　④　「申立の理由」の各欄には、例えば、次の記載例のように記入
　　　ア　「縁組をしようとする事情」欄には、例えば、「未成年者の両親には4人の子供がいるが、両親ともに病弱であり収入も安定しておらず、生活保護を受けている。申立人夫婦は結婚して10年になるが、実子に恵まれず、未成年者Aは幼い頃から申立人夫婦になついているのでAを養子として育てたいと考えている」のように記入
　　　イ　「申立人の状況」欄には、婚姻の年月日、未成年者と同居を始めた年月日、養父と養母についての子の有無と人数、職業、勤務先

　　　　名、収入額の各該当欄に記入
　　　ウ　「備考」欄には、例えば、「未成年者Ａの実父母は、この縁組を承諾している」といった特に考慮してほしい事項を記入
　　　エ　「未成年者の法定代理人」欄には、親権者に○を付し、両親の住所、氏名、職業を記入
　　　オ　「親権者でない父母」欄には、離婚して親権者とならなかった父又は母の住所、氏名、職業を記入
　(5)　主な添付書類には次の書類がありますが、申立書作成時に家庭裁判所に確認をしておきます。次の戸籍謄本とは戸籍の全部事項証明書のことをいいます。
　　　ア　申立人（養親となる者）の戸籍謄本
　　　イ　養子となる未成年者の戸籍謄本
　　　ウ　未成年者が15歳未満の場合は、法定代理人（親権者）の戸籍謄本

2　特別養子縁組成立に関する家事事件の申立

　(1)　特別養子縁組とは、縁組の日から実親との親子関係を終了させて養親との間に実親子と同様の親子関係を成立させる縁組をいいます。特別養子縁組は、普通養子縁組の場合とは異なり養親となる者の申立により家庭裁判所の審判によって成立します。特別養子となる者は原則として6歳未満の者に限られますし、養親は配偶者のある者でなければならず、原則として25歳以上の者で、夫婦共同で養子縁組をする必要があります。離縁は原則として禁止されています。
　(2)　特別養子縁組成立の申立人は、養親となる者（養父と養母となる者）となります。
　(3)　申立書は、家事審判申立書用紙（Q2の3の（3）参照）又は特別の書式「特別養子縁組申立書」用紙を使用しますが、特別の書式がある場合にはその用紙を使用します。申立書の提出先は、養親となる者の住所地の家庭裁判所となります。申立手数料は養子となる者1人につき収入印紙800円分が必要ですが、そのほかに家庭裁判所の指定する種類の郵便切手も提出する必要があります。
　(4)　「特別養子縁組申立書」用紙に記入する主な事項は、次の通りです。

① 申立人（養親となる者である養父となる者と養母となる者の両方）の本籍、住所、氏名、生年月日、電話番号
② 養子となる者の本籍、住所、氏名、生年月日
③ 養子となる者の父と母の本籍、住所、氏名、生年月日
④ 「申立の趣旨」欄には、「養子となる者を申立人らの特別養子とするとの審判を求める」と記入
⑤ 「申立の理由」の各欄には、例えば、次の記載例のように記入
　A 「縁組の動機・事情等」欄には、例えば、次のような記載をします。
　　ア 申立人両名は平成○年○月に結婚し子供が欲しいと願っていたが、実子に恵まれず、医師に相談したものの今後も出産の可能性はないとのことであった。
　　イ 申立人両名は平成○年○月に○児童相談所に里親登録をした。
　　ウ 養子となる者Aの出生当時、その両親は既に離婚しており実母は若年で定職もなく生活力に乏しく、実父も行方不明となりAは乳児院に収容された。
　　エ 申立人両名はAを里子としているが、Aは健康であり成長発育に何ら問題はなく、申立人や家族にもなついている。
　B 「申立人らの生活状況等」の次の各欄に記入又は○印を付します。
　　ア 養父・養母となる者の職業、収入額、子の有無と人数
　　イ 婚姻の年月日
　　ウ 住宅事情（自宅、社宅等、アパート、借家、その他の別）
　　エ 申立人と養子となる者以外の同居の家族等の氏名、年齢、申立人との続柄
　C 「縁組のあっせんを受けた機関等」の住所又は所在地、氏名又は名称、電話番号（例えば、○○児童相談所の名称、所在地、電話番号）
　D 「申立人らによる養子となる者の監護状況」の次の各欄に記入
　　ア 申立時の監護の有無（有の場合は監護開始年月日と監護開始時の子の年齢）
　　イ 監護の経緯（例えば、上記A記載の通り）
　　ウ 監護状況等（例えば、養子となる者の健康状態、発育状態、家族関

係等を記入）
　　E 「縁組同意の有無等」の次の各欄に次例のように記入
　　　ア　父につき同意は無（同意を得られない事情を、例えば、「現在所在不明で、その意向を知ることができない」のように記入）
　　　イ　母につき同意は有
(5) 主な添付書類には次の書類がありますが、申立書作成時に家庭裁判所に確認をしておきます。戸籍謄本とは戸籍の全部事項証明書のことをいいます。
　　　ア　申立人（養親となる者）の戸籍謄本
　　　イ　養子となる者の戸籍謄本
　　　ウ　養子となる者の実父母の戸籍謄本
　　　エ　作成可能な場合の特別養子縁組同意書（例えば、次の記載例があります）

（記載例）

特別養子縁組同意書

平成○年○月○日

○○家庭裁判所　御中

特別養子となるべき者Ａの実親
　　父　　山田太郎　（印）
　　母　　山田花子　（印）

私らは、○○家庭裁判所平成○年（家）第○○○号特別養子縁組の成立審判申立事件について、申立人東京太郎、同東京花子と私らの子Ａ（特別養子となるべき者）とが特別養子縁組をすることに同意します。

以上

Q14 未成年後見人、成年後見人に関する家事事件の申立は、どうするのですか

1 未成年後見人選任に関する家事事件の申立

(1) 未成年後見人とは、未成年者（20歳未満の者）の法定代理人であり、親権者の死亡その他の理由で親権を行う者がない場合に未成年者の監護養育や財産管理を行う者をいいます。未成年後見人の選任は、未成年者、その親族その他の利害関係人の申立により家庭裁判所が選任をします。未成年者本人が申立をする場合は意思能力（判断能力）があることが必要ですから、一般に15歳以上の未成年者は申立人になれます。

(2) 未成年後見人選任の申立人は、未成年者（意思能力のある者に限られます）、未成年者の親族、その他の利害関係人となります。

(3) 申立書は、家事審判申立書用紙（Q2の3の(3)参照）又は特別の書式「未成年後見人選任申立書」用紙を使用しますが、特別の書式がある場合にはその用紙を使用します。申立書の提出先は、未成年者の住所地の家庭裁判所となります。申立手数料は未成年者1人につき収入印紙800円分が必要ですが、そのほかに家庭裁判所の指定する種類の郵便切手も提出する必要があります。

(4) 「未成年後見人選任申立書」用紙に記入する主な事項は、次の通りです。
   ① 申立人の住所、氏名、生年月日、未成年者との関係、職業、電話番号
   ② 未成年者の本籍、住所、氏名、生年月日、在校名又は職業
   ③ 「申立の趣旨」欄には、「未成年後見人の選任を求める」と記入
   ④ 「申立の理由」の各欄には、例えば、次の記載例のように記入
      A 「申立の原因」欄は、次のいずれかを○で囲みます。
        1 親権者の死亡、所在不明
        2 親権者の親権の辞退、喪失、停止
        3 親権者の管理権の辞退、喪失
        4 未成年後見人の死亡、所在不明

5　未成年後見人の辞任、解任
　　　6　父母の不明
　　　7　その他（　　　）
　　ほかに以上の1～7の原因発生年月日を記入します。
　　B　「申立の動機」欄は、該当するもの全部を○で囲みます。
　　　1　未成年者の監護教育
　　　2　養子縁組・養子離縁
　　　3　入学
　　　4　就職
　　　5　就籍
　　　6　遺産分割
　　　7　相続放棄
　　　8　扶助料・退職金・保険金等の請求
　　　9　その他の財産の管理処分
　　　10　その他（　　　）
　　C　「未成年者の資産収入」欄の該当欄に記入します。
　　　　宅地　　　約　　　平方メートル
　　　　建物　　　約　　　平方メートル
　　　　農地　　　約　　　ヘクタール
　　　　山林　　　約　　　ヘクタール
　　　　有価証券　約　　　万円
　　　　現金　　　約　　　万円
　　　　預貯金　　約　　　万円
　　　　債権　　　約　　　万円
　　　　月収　　　約　　　万円
　　　　負債　　　約　　　万円
　⑤　未成年後見人候補者の本籍、住所、氏名、生年月日、未成年者との関係、職業
(5)　主な添付書類には次の書類がありますが、申立書作成時に家庭裁判所に確認をしておきます。
　　ア　申立人の戸籍謄本（利害関係人は利害関係を証する書面）、住民票

イ　未成年者の戸籍謄本、住民票
　　ウ　未成年後見人候補者の戸籍謄本
　　エ　未成年者の財産に関する資料
　　オ　親権者の死亡の記載のある戸籍の除籍謄本

2　未成年後見監督人の選任に関する家事事件の申立

(1)　未成年後見監督人とは、家庭裁判所が必要があると認めた場合に、未成年被後見人、その親族若しくは未成年後見人又は職権により選任する未成年後見人の監督機関をいいます。未成年被後見人の財産が多種、多額の場合に置かれることがあります。未成年後見人（親族の中からが多い）は必ず置く必要のある機関で１人に限られますが、未成年後見監督人（弁護士など）は任意の機関で、置かなくても、複数でもかまいません。

(2)　未成年後見監督人の選任の申立人は、未成年被後見人（後見される未成年者は意思能力のある者に限られます）、その未成年者の親族、未成年後見人となります。

(3)　申立書は、家事審判申立書用紙（Q2の3の(3)参照）を使用し、事件名の欄に「未成年後見監督人の選任」と記入します。申立書の提出先は、未成年被後見人の住所地の家庭裁判所となります。申立手数料は１件につき収入印紙800円分が必要ですが、そのほかに家庭裁判所の指定する種類の郵便切手も提出する必要があります。

(4)　「家事審判申立書（未成年後見監督人の選任）」用紙に記入する主な事項は、次の通りです。
　　①　申立人の本籍、住所、氏名、生年月日、職業、電話番号
　　②　未成年者の本籍、住所、氏名、生年月日、在校名又は職業
　　③　「申立の趣旨」欄には、「未成年者の未成年後見監督人を選任する旨の審判を求める」と記入
　　④　「申立の理由」欄には、例えば、次の記載例のように記入
　　　ア　申立人は、平成○年○月○日に○○家庭裁判所において未成年者の未成年後見人に選任された。
　　　イ　未成年者には、亡父母から相続した多額の財産があるため、未成年後見監督人を置いて後見事務に遺漏のないようにしたい。

(5) 主な添付書類には次の書類がありますが、申立書作成時に家庭裁判所に確認をしておきます。
　　ア　申立人の戸籍謄本（全部事項証明書）
　　イ　未成年被後見人の戸籍謄本、住民票
　　ウ　未成年後見監督人候補者の戸籍謄本、住民票

3　成年後見開始に関する家事事件の申立

(1) 成年後見とは、保護を受ける本人が判断能力を欠く常況にある者（認知症のような精神上の障害により事理を弁識する能力を欠く常況にある者）について、家庭裁判所が一定の申立人からの申立によって後見開始の審判をする制度をいいます。この審判を受けた者を「成年被後見人」といい、その保護者を「成年後見人」といいます。長男のような親族の中からなる場合も多いのです。判断能力の程度に応じて民法は次の3制度の開始の審判を規定しています。

①　後見開始の審判の対象は、精神上の障害により**事理を弁識する能力を欠く常況にある者**とされています（民法7条）。この場合は後見人を付けます。

②　保佐開始の審判の対象は、精神上の障害により**事理を弁識する能力が著しく不十分である者**とされています（民法11条）。この場合は保佐人を付けます。

③　補助開始の審判の対象は、精神上の障害により**事理を弁識する能力が不十分である者**とされています（民法15条）。この場合は補助人を付けます。

(2) 成年後見開始の審判の申立人は、本人（正常に回復している期間）、その配偶者、4親等内の親族、未成年後見人、未成年後見監督人、保佐人、保佐監督人、補助人、補助監督人、検察官のいずれかとなります。特別の法律により市区町村長、任意後見契約が登記されている場合の任意後見受任者・任意後見人・任意後見監督人も申立人になれます。

(3) 申立書は、家事審判申立書用紙（Q2の3の(3)参照）又は特別の書式「後見開始申立書」用紙を使用しますが、特別の書式がある場合には、その用紙を使用します。申立書の提出先は、成年被後見人となる者の住

所地の家庭裁判所となります。申立手数料は1件につき収入印紙800円分が必要ですが、そのほかに家庭裁判所の指定する種類の郵便切手も提出する必要があります。審判を受ける本人の精神状況の鑑定が必要な場合は別に鑑定費用が必要です。審判が確定した場合は書記官が後見登記を嘱託しますので登記手数料の収入印紙2600円分が必要です。
(4) 「後見開始申立書」用紙に記入する主な事項は、次の通りです。
　① 申立人の住所、氏名、生年月日、職業、本人との関係、電話番号
　② 本人（被後見人となる者）の本籍、住所、氏名、生年月日、職業
　③ 「申立の趣旨」欄には、「本人について後見を開始するとの審判を求める」と記入
　④ 「申立の理由」欄には、例えば、次の記載例のように記入
　　ア　本人は2年程前から認知症で○病院に入院しているが、その症状は回復の見込みがなく、日常的に必要な買い物も一人ではできない状態である。
　　イ　昨年11月に本人の兄が亡くなり遺産分割の必要が生じたことから本件を申し立てた。成年後見人には本人の長男であるAを選任してもらいたい。
　⑤ 成年後見人候補者の住所、氏名、生年月日、本人との関係、職業、勤務先
(5) 主な添付書類には次の書類がありますが、申立書作成時に家庭裁判所に確認をしておきます。診断書の用紙その他の記入用紙や詳しい記入方法は家庭裁判所で無料で交付されます。
　　ア　本人の戸籍謄本（全部事項証明書）、住民票
　　イ　本人の診断書（家庭裁判所の定める様式によります）
　　ウ　本人の成年後見登記等に関する登記のされていないことの証明書（法務局で発行されたもの）
　　エ　本人の財産に関する資料（不動産登記簿謄本、固定資産評価証明書、預金通帳写し、有価証券写しも必要になります）
　　オ　成年後見人候補者の住民票（法人の場合は法人登記簿謄本）

Q15 子の氏の変更許可、名の変更許可に関する家事事件の申立は、どうするのですか

1 子の氏の変更許可に関する家事事件の申立

(1) 子の氏の変更許可とは、子が父又は母と氏を異にする場合に、その子が父又は母の氏を称するための家庭裁判所の変更の許可をいいます。例えば、父母が離婚し、父の戸籍にあって父の氏を称していた子が、母の戸籍に移り母の氏を称したい場合には、子は、子の氏の変更許可の申立をして家庭裁判所の許可を得る必要があります。

(2) 子の氏の変更許可の申立人は、その子となりますが、子が15歳未満の場合には、その法定代理人(親権者や未成年後見人)となります。

(3) 申立書は、家事審判申立書用紙(Q2の3の(3)参照)又は特別の書式「子の氏の変更許可申立書」用紙を使用しますが、特別の書式がある場合には、その用紙を使用します。申立書の提出先は、子の住所地の家庭裁判所となりますが、複数の子が申立をする場合には、その中の一人の住所地の家庭裁判所となります。申立手数料は子1人につき収入印紙800円分が必要ですが、そのほかに家庭裁判所の指定する種類の郵便切手も提出する必要があります。

(4) 「子の氏の変更許可申立書」用紙に記入する主な事項は、次の通りです。

① 申立人(子)の本籍、住所、氏名、生年月日、電話番号

② 法定代理人が必要な場合は、その本籍、住所、氏名、生年月日、電話番号

③ 「申立の趣旨」欄には、例えば、「申立人の氏(山田)を1 母、2 父、3 父母の氏(鈴木)に変更することの許可を求める」と記入(1、2、3のいずれかに○を付ける)

④ 「申立の理由」欄には、該当項目に○を付ける。

　A 「父・母と氏を異にする理由」欄の1~7の該当項目に○を記入

1　父母の離婚
　　　2　父・母の婚姻
　　　3　父・母の養子縁組
　　　4　父・母の養子離縁
　　　5　父の認知
　　　6　父（母）死亡後、母（父）の復氏
　　　7　その他（　　　）
　　以上のいずれかの理由の発生年月日を記入
　　Ｂ　「申立の動機」欄の１～６の該当項目に○を記入
　　　1　母との同居生活上の支障
　　　2　父との同居生活上の支障
　　　3　入園・入学
　　　4　就職
　　　5　結婚
　　　6　その他（　　　）
(5)　主な添付書類には次の書類がありますが、申立書作成時に家庭裁判所に確認をしておきます。
　　ア　申立人（子）の戸籍謄本（全部事項証明書）
　　イ　父・母の戸籍謄本

2　名の変更許可に関する家事事件の申立

(1)　名の変更許可には、正当な理由によって戸籍上の名を変更しようとする場合、家庭裁判所の許可を必要とします。名は、氏とともに人の同一性を表すものですから、容易に変更されるべきものではありませんが、正当な理由があり、家庭裁判所の許可を得た場合に限り変更が許されます。正当な理由とは、名を変更しないと、当人の社会生活において著しい支障を来す場合をいい、単に個人の趣味、感情、信仰上の希望だけでは足りないと解されています。

(2)　名の変更許可の申立人は、名を変更しようとする者となりますが、その者が15歳未満の場合には、その法定代理人（親権者や未成年後見人）となります。

(3) 申立書は、家事審判申立書用紙（Q2の3の（3）参照）又は特別の書式「名の変更許可申立書」用紙を使用しますが、特別の書式がある場合には、その用紙を使用します。申立書の提出先は、申立人の住所地の家庭裁判所となります。申立手数料は1件につき収入印紙800円分が必要ですが、そのほかに家庭裁判所の指定する種類の郵便切手も提出する必要があります。

(4) 「名の変更許可申立書」用紙に記入する主な事項は、次の通りです。
   ① 申立人の本籍、住所、氏名、生年月日、職業又は在校名、電話番号
   ② 法定代理人の必要な場合は、その本籍、住所、氏名、電話番号
   ③ 「申立の趣旨」欄には、例えば、「申立人の名（甲子）を（乙子）と変更することの許可を求める」と記入
   ④ 「申立の理由」欄には、次の該当項目に○を付ける。
     1 奇妙な名である
     2 むずかしくて正確に読まれない
     3 同姓同名者がいて不便である
     4 異性とまぎらわしい
     5 外国人とまぎらわしい
     6 平成　年　月に神官・僧侶となった（やめた）
     7 通称として永年使用した（使用を始めた時期　昭和・平成　年　月）
     8 その他（　　　　　　　）
   「名の変更を必要とする具体的な事情」欄に、例えば、次の記載例のように記入
     ア　申立人は、小学6年の女子である。戸籍上は「甲子」となっているが、幼稚園の時から通称として「乙子」の名を使用してきた。現在では、学校、友人、近所の人の間では「乙子」として通用している。
     イ　今後の進学や就職のことを考えると、社会生活上、戸籍名では不便であるので、変更の許可を申し立てる。

(5) 主な添付書類には次の書類がありますが、申立書作成時に家庭裁判所に確認をしておきます。
     ア　申立人の戸籍謄本（全部事項証明書）
     イ　法定代理人の戸籍謄本（父・母の場合は申立人の戸籍謄本と兼ねる）

ウ　名の変更の理由を証する資料（例えば、①同姓同名では住民票、民生委員の証明書、②神官・僧侶では得度証明書等の写し、③永年使用では受け取った郵便はがきや封筒、幼稚園・小学校の卒業証書等の写し）

Q16 養育費請求調停、親権者変更調停に関する家事事件の申立は、どうするのですか

1 養育費請求調停に関する家事事件の申立

(1) 離婚をした場合であっても、未成年の子を扶養する義務は両親にありますから、両親がその経済力に応じて未成年の子の養育費を負担する必要があります。別居か同居かとか、親権の有無とも関係はありません。養育費についての協議が不調の場合や協議不能の場合には、子を監護養育している親から他方の親に対して、家庭裁判所に調停又は審判の申立をして養育費の支払いを求めることになります。調停を申し立てる場合は、子の監護に関する処分の①養育費請求、②養育費増額請求、③養育費減額請求の場合について、家庭裁判所の調停申立書の特別の書式がありますから、その用紙に記入して提出します。調停が不成立となった場合は、自動的に審判の手続が開始され、最終的には裁判官の審判により解決します。養育費請求は、家事事件手続法の「別表第二」の事件ですから、最初に審判の申立をしても、裁判所は、当事者の意見を聴いて、いつでも、職権で、事件を家事調停に付することができます（家事事件手続法274条1項）。

(2) 養育費請求調停の申立人は、母又は父となります。子自身が扶養請求をすることもできますが、未成年者ですから法定代理人（親権者）から請求することになります。

(3) 申立書は、家事調停申立書用紙（Q2の3の(4)参照）又は特別の書式「家事調停申立書　子の監護に関する処分□養育費請求、□養育費増額請求、□養育費減額請求」用紙を使用しますが、特別の書式がある場合には、その用紙を使用します。この特別の書式にも「□調停、□審判」の記入欄がありますから、□調停の□内にレを記入します。申立書の提出先は、相手方の住所地の家庭裁判所又は当事者（申立人と相手方）が合意で定める家庭裁判所となります。申立手数料は子供1人につき収入印

紙1200円分が必要ですが、そのほかに家庭裁判所の指定する種類の郵便切手も提出する必要があります。
(4) 「家事調停申立書・養育費請求」用紙に記入する主な事項は、次の通りです。
　① 申立人の住所、氏名、生年月日
　② 相手方の住所、氏名、生年月日
　③ 未成年者の氏名、生年月日、申立人又は相手方等との同居の状況
　④ 「申立の趣旨」欄には、該当する□内にレを記入し、例えば、「相手方は、申立人に対し、未成年者の養育費として、次の通り支払うとの調停を求めます」のように記入します（次の1に○を付け金額を記入）
　　1　1人当たり毎月　金　　円（又は相当額）を支払う。
　　2　1人当たり毎月　金　　円に増額して支払う。
　　3　1人当たり毎月　金　　円に減額して支払う。
　⑤ 「申立の理由」欄には、次の該当する各欄に記入
　　A 「同居・別居の時期」欄に同居を始めた年月日と別居をした年月日を記入
　　B 「養育費の取り決めについて」欄の各欄に記入
　　C 「養育費の支払状況」欄の各欄に記入
　　D 「養育費の増額又は減額を必要とする事情」欄は該当する場合のみ記入
(5) 主な添付書類には次の書類がありますが、申立書作成時に家庭裁判所に確認をしておきます。戸籍謄本とは戸籍の全部事項証明書のことをいいます。
　　ア　未成年者の戸籍謄本
　　イ　申立人の収入に関する資料（例えば、源泉徴収票、確定申告書などの写し）

2　親権者変更調停に関する家事事件の申立

(1) 離婚の際に未成年の子がある場合は、父母の合意で親権者を定めることができますが、離婚後の親権者の変更は、父又は母その他の子供の親族の申立により、家庭裁判所が子の利益のために必要があると認めた場

合は、親権者を他の一方に変更することができます。親権者の変更は、家事事件手続法の「別表第二」の事件ですから、最初に審判の申立があっても、裁判所は、当事者の意見を聴いて、いつでも、職権で、事件を家事調停に付することができます。家事調停が不成立の場合は、自動的に審判手続が開始され、裁判官が審判により解決することになります。相手方が行方不明で調停手続に出席できない場合は、最初から審判の申立をします。

(2) 親権者変更の調停の申立人は、母又は父その他の子供の親族となります。

(3) 申立書は、家事調停申立書用紙（Q2の3の(4)参照）又は特別の書式「家事調停申立書 親権者の変更」用紙を使用しますが、特別の書式がある場合には、その用紙を使用します。申立書の提出先は、相手方の住所地の家庭裁判所又は当事者（申立人と相手方）が合意で定める家庭裁判所となります。申立手数料は子供1人につき収入印紙1200円分が必要ですが、そのほかに家庭裁判所の指定する種類の郵便切手も提出する必要があります。この特別の書式にも「□調停、□審判」の記入欄がありますから、□調停の□内にレを記入します。

(4) 「家事調停申立書・親権者変更」用紙に記入する主な事項は、次の通りです。

① 申立人の本籍、住所、氏名、生年月日
② 相手方の本籍、住所、氏名、生年月日
③ 未成年者の本籍、住所、氏名、生年月日、申立人又は相手方等との同居の状況
④ 「申立の趣旨」欄には、例えば、「未成年者の親権者を相手方から申立人に変更するとの調停を求めます」のように記入（該当の□内にレを記入）
⑤ 「申立の理由」欄には、次の該当する各欄の□内に記入
　A 「現在の親権者の指定について」欄の該当の各欄に記入
　B 「親権者指定後の未成年者の監護養育状況」欄の該当の各欄に記入
　C 「親権者の変更についての協議状況」欄の該当の各欄に記入

D 「親権者の変更を必要とする理由」欄の該当の各欄に記入
(5)　主な添付書類には次の書類がありますが、申立書作成時に家庭裁判所に確認をしておきます。
　　ア　申立人の戸籍謄本（全部事項証明書）
　　イ　相手方の戸籍謄本
　　ウ　未成年者の戸籍謄本

Q17 認知調停、離縁調停に関する家事事件の申立は、どうするのですか

1 認知調停に関する家事事件の申立

(1) 認知とは、嫡出子（法律上の婚姻関係にある男女の子）でない子について、その父又は母との間に法律上の親子関係を発生させる制度をいいます。母子関係については出産の事実によって法律上の親子関係が発生すると解されていますから、父子関係の認知が問題となります。婚姻関係にない男女の子を父が認知しない場合は、子、子の直系卑属（例えば、孫、曾孫）又はそれらの法定代理人から父を相手方として家庭裁判所の調停又は審判を申し立てることができます。認知事件は、家事事件手続法の「別表第二」の事件ですから、最初に審判の申立があっても、裁判所は、当事者の意見を聴いて、いつでも、職権で、事件を家事調停に付することができます。家事調停が不成立の場合は、自動的に審判手続が開始され、裁判官が審判により解決することになります。認知によって法律上の父子関係が生じ、その効果は出生の時にさかのぼります。

(2) 認知調停の申立人は、子、子の直系卑属又はそれらの法定代理人（例えば、子の親権者母）となります。

(3) 申立書は、家事調停申立書用紙（Q2の3の(4)参照）を使用して、□調停の□内にレを記入し、事件名の欄に「認知」と記入します。申立書の提出先は、相手方の住所地の家庭裁判所又は当事者（申立人と相手方）が合意で定める家庭裁判所となります。申立手数料は1件につき収入印紙1200円分が必要ですが、そのほかに家庭裁判所の指定する種類の郵便切手も提出する必要があります。

(4) 「家事調停申立書・認知」用紙に記入する主な事項は、次の通りです。
① 申立人（子）の本籍、住所、氏名、生年月日
② 相手方（父）の本籍、住所、氏名、生年月日
③ 申立人の法定代理人の親権者母の本籍、住所、氏名、生年月日

④ 「申立の趣旨」欄には、例えば、「申立人が相手方の子であることを認知するとの調停を求める」のように記入
⑤ 「申立の理由」欄には、例えば、次の記載例のように記入
　ア　申立人の母は、平成○年○月頃相手方と知り合い、平成○年○月○日に相手方との間の子である申立人を出産した。
　イ　相手方は、申立人を妊娠した当時は出生後に認知をすると言っていたが、出産後に態度を一変させて認知を拒むようになった。
　ウ　現在、相手方は話し合いにも応じないので、この申立をする。
(5) 主な添付書類には次の書類がありますが、申立書作成時に家庭裁判所に確認をしておきます。
　ア　申立人（子）の戸籍謄本（全部事項証明書）
　イ　相手方（父）の戸籍謄本

2　離縁調停に関する家事事件の申立

(1) 離縁とは、養子縁組（親とその嫡出子との親子関係と同一の関係を設定する契約）を解消することをいいます。離縁には、①養親と養子の話し合いにより戸籍上の届け出をする協議離縁のほか、②家庭裁判所の調停による調停離縁、③家庭裁判所の審判による審判離縁があります。離縁事件は、家事事件手続法の「別表第二」の事件ですから、最初に審判の申立があっても、裁判所は、当事者の意見を聴いて、いつでも、職権で、事件を家事調停に付することができます。家事調停が不成立の場合は、自動的に審判手続が開始され、裁判官が審判により解決することになります。
(2) 離縁調停の申立人は、養親又は養子となります。養子が15歳未満の場合は、離縁後の法定代理人が養子を代理することになります。
(3) 申立書は、家事調停申立書用紙（Q2の3の(4) 参照）を使用して、□調停の□内にレを記入し、事件名の欄に「離縁」と記入します。申立書の提出先は、相手方の住所地の家庭裁判所又は当事者（申立人と相手方）が合意で定める家庭裁判所となります。申立手数料は1件につき収入印紙1200円分が必要ですが、そのほかに家庭裁判所の指定する種類の郵便切手も提出する必要があります。

(4) 「家事調停申立書・離縁」用紙に記入する主な事項は、次の通りです。
   ① 申立人(養親又は養子)の本籍、住所、氏名、生年月日
   ② 相手方(養子又は養親)の本籍、住所、氏名、生年月日
   ③ 法定代理人のある場合はその本籍、住所、氏名、生年月日
   ④ 「申立の趣旨」欄には、例えば、「申立人と相手方は離縁するとの調停を求める」のように記入
   ⑤ 「申立の理由」欄には、例えば、次の記載例のように記入
      ア 申立人と相手方は、平成○年○月○日に養子縁組の届出をした。
      イ 相手方は、申立人の養子となって、申立人の現住所に一緒に住んでいたが、平成○年○月頃、大学の進学先について口論となって以来、些細なことでも意見が対立し、平成○年○月には家を出て行ってしまった。
      ウ 申立人は、相手方に養子縁組の解消を申し入れたが、相手方は話し合いにも応じないので、この申立をする。
(5) 主な添付書類には次の書類がありますが、申立書作成時に家庭裁判所に確認をしておきます。
      ア 養子の戸籍謄本(全部事項証明書)
      イ 養親の戸籍謄本
      ウ 養子が未成年の場合の法定代理人の戸籍謄本

Q18 扶養請求調停、面会交流調停に関する家事事件の申立は、どうするのですか

1 扶養請求調停に関する家事事件の申立

(1) 扶養請求調停は、例えば、老親の世話を誰がするのか、その費用は誰が負担するのかについて話し合う手続をいいます。民法上扶養義務を負う者は、①配偶者、②直系血族（例えば、父母、祖父母、子、孫）、③兄弟姉妹、④特別の事情がある場合の3親等内の親族（例えば、おじ、おば、甥、姪）とされています。更に、扶養義務は、生活保持義務と生活扶助義務に分けられ、(a) 生活保持義務とは、夫婦間の扶養や親の未成熟子に対する扶養の義務であり、夫婦や親子の本質として相手方の生活を自己と同程度の水準まで扶養する義務をいいます。これに対して、(b) 生活扶助義務とは、その他の場合の扶養の義務であり、相手方が生活難に陥った場合に自己に余力があれば援助すべき義務をいいます。扶養を必要とする者を扶養権利者といい、扶養する義務のある者を扶養義務者といいますが、具体的な扶養義務は次の4要件を満たした場合に発生します。

① 扶養権利者と扶養義務者とが一定の親族関係にあること
② 扶養権利者が扶養を必要とする状態にあること
③ 扶養義務者に扶養能力があること
④ 扶養権利者からの扶養請求があること

扶養請求事件は、家事事件手続法の「別表第二」の事件ですから、最初に審判の申立があっても、裁判所は、当事者の意見を聴いて、いつでも、職権で、事件を家事調停に付することができます。家事調停が不成立の場合は、自動的に審判手続が開始され、裁判官が審判により解決することになります。

(2) 扶養請求調停の申立人は、扶養権利者又は扶養義務者となります。

(3) 申立書は、家事調停申立書用紙（Q2の3の (4) 参照）を使用して、□調停の□内にレを記入し、事件名の欄に「扶養請求」と記入します。申

立書の提出先は、相手方の住所地の家庭裁判所又は当事者（申立人と相手方）が合意で定める家庭裁判所となります。申立手数料は扶養権利者1人につき収入印紙1200円分が必要ですが、そのほかに家庭裁判所の指定する種類の郵便切手も提出する必要があります。

(4) 「家事調停申立書・扶養請求」用紙に記入する主な事項は、次の通りです。
　① 申立人の本籍、住所、氏名、生年月日
　② 相手方の本籍、住所、氏名、生年月日
　③ 「申立の趣旨」欄には、例えば、次の記載例のように記入
　　ア　相手方一郎は、申立人を引き取って扶養する。
　　イ　相手方二郎は、申立人に対し、扶養料として毎月金○万円を支払う。
　　　との調停を求める。
　④ 「申立の理由」欄には、例えば、次の記載例のように記入
　　ア　相手方一郎及び相手方二郎は、申立人の長男及び次男である。
　　イ　申立人は、夫太郎の死亡後、平成○年○月○日から○アパートの一室を借りて一人で住んでいるが、持病の心臓病が悪化し、医者から万が一のことを考えると、一人住まいは避けたほうがよいと言われた。
　　ウ　そのため、申立人は、相手方一郎に引き取ってもらい、相手方二郎から相当の扶養料の支給を受けたいので、相手方らと話し合いをしたが、協議がまとまらないので、申立の趣旨の通りの調停を求める。

(5) 主な添付書類には次の書類がありますが、申立書作成時に家庭裁判所に確認をしておきます。
　　ア　申立人の戸籍謄本（全部事項証明書）
　　イ　相手方の戸籍謄本

2　面会交流調停に関する家事事件の申立

(1) 面会交流とは、夫婦の離婚後又は別居中に子供の養育・監護をしていないほうの親が子供と面会・交流を行うことをいいます。面会交流の具体的な内容や方法は、父母が話し合って決めることになりますが、話し合いがまとまらない場合や話し合いができない場合には、家庭裁判所の

調停又は審判により取り決めることになります。
　面会交流事件は、家事事件手続法の「別表第二」の事件ですから、最初に審判の申立があっても、裁判所は、当事者の意見を聴いて、いつでも、職権で、事件を家事調停に付することができます。家事調停が不成立の場合は、自動的に審判手続が開始され、裁判官が審判により解決することになります。
(2)　面会交流調停の申立人は、父又は母となります。
(3)　申立書は、家事調停申立書用紙（Q2の3の（4）参照）の特別の書式を使用して、□調停の□内にレを記入し、事件名の欄に「子の監護に関する処分・面会交流」と記入します。申立書の提出先は、相手方の住所地の家庭裁判所又は当事者（申立人と相手方）が合意で定める家庭裁判所となります。申立手数料は子供1人につき収入印紙1200円分が必要ですが、そのほかに家庭裁判所の指定する種類の郵便切手も提出する必要があります。
(4)　「家事調停申立書・面会交流」用紙に記入する主な事項は、次の通りです。
　①　申立人の住所、氏名、生年月日
　②　相手方の住所、氏名、生年月日
　③　未成年者の氏名、生年月日、申立人又は相手方等との同居の状況
　④　「申立の趣旨」欄には、例えば、「申立人と未成年者が面会交流する時期、方法などにつき調停を求める」のように記入
　⑤　「申立の理由」欄には、次の該当する各欄に記入
　　Ａ　「申立人と相手方の関係」欄の該当の各欄に記入
　　Ｂ　「未成年者の親権者（離婚等により親権者が定められている場合）」欄の申立人・相手方の別を記入
　　Ｃ　「未成年者の監護養育状況」欄の該当の各欄に記入
　　Ｄ　「面会交流の取決めについて」欄の該当の各欄に記入
　　Ｅ　「面会交流の実施状況」欄の該当の各欄に記入
　　Ｆ　「本申立を必要とする理由」欄の該当の各欄に記入
(5)　主な添付書類には次の書類がありますが、申立書作成時に家庭裁判所に確認をしておきます。
　　ア　未成年者の戸籍謄本（全部事項証明書）

第 4 章●
夫婦に関する家事事件の申立は、どうするのですか

Q19 離婚調停に関する家事事件の申立は、どうするのですか

1 夫婦関係調整調停（離婚）とは

(1) 離婚についての当事者間の話し合いがまとまらない場合又は当事者間の話し合いができない場合には、家庭裁判所の調停の手続を利用することができます。離婚の方法には大別すると (a) 夫婦間の話し合い（協議）による協議離婚と (b) 裁判所の手続による離婚に分けることができます。協議離婚は、夫婦が話し合いをして合意に達した場合に市町村長に離婚の届出をして受理されることによって成立する最も簡単な方法です。離婚の方法には次の6種類がありますが、離婚調停のことを家庭裁判所では「夫婦関係調整調停（離婚）」と言っています。

① 協議離婚（夫婦の合意と離婚の届出によって成立する離婚）
② 調停離婚（家庭裁判所の調停が成立した場合の離婚）
③ 審判離婚（家庭裁判所の調停に代わる審判による離婚）
④ 判決離婚（家庭裁判所の離婚訴訟の判決による離婚）
⑤ 和解離婚（離婚訴訟の中で和解が成立した場合の離婚）
⑥ 認諾離婚（離婚訴訟の中で原告の請求を認めたことによる離婚）

(2) 離婚調停では、離婚そのものだけでなく、①離婚後の子供の親権者を誰にするのか、②親権者とならない親と子供との面会交流をどうするのか、③子供の養育費はどうするのか、④離婚に際しての財産分与や年金分割の割合をどうするのか、⑤離婚に伴う慰謝料の額はどうするのか、といったことも離婚調停の中で話し合うことができます。

(3) 離婚調停が成立せず、調停に代わる審判も当事者の異議申立により失効した場合には、最終的に人事訴訟法により離婚訴訟を提起することになります。離婚事件は家事事件手続法244条に規定する一般調停事項（人事に関する訴訟事件その他家庭に関する事件）となりますから、人事訴訟法により離婚訴訟を提起する場合には、まず家事調停の手続をする必要

があります（家事事件手続法257条1項）。このことを「調停前置主義」といいます。

2 離婚調停の申立手続

(1) 離婚調停の申立人は、夫又は妻となります。
(2) 申立書用紙は、家事調停申立書用紙（Q2の3の(4)参照）又は特別の書式「夫婦関係等調整調停申立書」用紙を使用しますが、特別の書式がある場合にはその用紙を使用します。特別の書式「夫婦関係等調整調停申立書」用紙の事件名の欄には「離婚」と記入します。この申立書用紙は、離婚のほか、「円満調整」の調停にも使用されます。
(3) 申立書の提出先は、相手方（夫又は妻）の住所地の家庭裁判所又は当事者（夫と妻）の合意で定める家庭裁判所となります。申立手数料は、1件につき収入印紙1200円分が必要ですが、そのほかに家庭裁判所の指定する種類の郵便切手も提出する必要があります。
(4) 「夫婦関係等調整調停申立書（離婚）」用紙に記入する主な事項の記載例は、次の通りです。
　① 申立人（夫又は妻）の本籍、住所、氏名、生年月日
　② 相手方（夫又は妻）の本籍、住所、氏名、生年月日
　③ 未成年の子の氏名、生年月日、申立人又は相手方等との同居の状況
　④ 「申立の趣旨」欄は、「円満調整」欄と「関係解消」欄に分かれているので「関係解消」欄の該当項目に○その他を次の記載欄に記入します。

関係解消
　1　申立人と相手方は離婚する。
付随申立（次の付随申立の該当項目に○を記入）
　1　未成年の子の親権者を次のように定める。
　　（　　　　　　　　　　　　　　　）については父
　　（　　　　　　　　　　　　　　　）については母
　2　相手方と未成年の子が面会交流する時期、方法などにつき定める。
　3　相手方は、未成年の子の養育費として、1人当たり毎月金○万円を支払う。

4　相手方は、申立人に財産分与として金○万円を支払う。
　　　5　相手方は、申立人に慰謝料として金○万円を支払う。
　　　6　申立人と相手方との間の別紙年金分割のための情報通知書記載の情報に係る年金分割についての請求すべき按分割合を、(0.5)と定める。
　⑤　「申立の理由」欄の該当欄に記入
　　　A　「同居・別居の時期」欄は、同居を始めた年月日と別居をした年月日を記入
　　　B　「申立の動機」欄は、次の中の該当番号を○で囲み、最も重要と思うものを◎で囲む。
　　　1　性格があわない
　　　2　異性関係
　　　3　暴力をふるう
　　　4　酒を飲みすぎる
　　　5　性的不調和
　　　6　浪費する
　　　7　病気
　　　8　精神的に虐待する
　　　9　家族をすててかえりみない
　　　10　家族と折り合いが悪い
　　　11　同居に応じない
　　　12　生活費を渡さない
　　　13　その他（　　　　　　　　）
(5)　主な添付書類には次の書類がありますが、申立書作成時に家庭裁判所に確認をしておきます。戸籍謄本とは、戸籍の全部事項証明書をいいます。
　①　夫婦（申立人と相手方）の戸籍謄本
　②　年金分割の申立が含まれている場合は、年金分割のための情報通知書（作成日から1年以内のもの）

Q20 夫婦関係円満調整調停、婚姻費用の分担請求調停に関する家事事件の申立は、どうするのですか

1　夫婦関係調整調停（円満）に関する家事事件の申立

(1)　夫婦関係調整調停（円満）とは、夫婦が円満な関係でなくなった場合に、円満な夫婦関係を回復するための話し合いをする場として家庭裁判所の調停手続を利用することをいいます。この調停手続では、夫婦の双方から事情を聴いて、夫婦関係が円満でなくなった原因はどこにあるのか、その原因を夫婦がどのような努力をすれば夫婦関係を改善できるのかなどの解決案を示したり、必要な助言をするような形で進められます。離婚をしたほうがよいのかどうかを迷っているような場合にも利用することができます。

(2)　夫婦関係調整調停（円満）の申立人は、夫又は妻となります。申立書用紙は、家事調停申立書用紙（Q2の3の(4)参照）又は特別の書式「夫婦関係等調整調停申立書」用紙を使用しますが、特別の書式がある場合にはその用紙を使用します。特別の書式「夫婦関係等調整調停申立書」用紙の事件名の欄には「円満調整」と記入します。この申立書用紙は、「円満調整」のほか、「離婚」や「内縁関係の解消」の家事調停にも使用されます。

(3)　Q19と同様、申立書の提出先は、相手方（夫又は妻）の住所地の家庭裁判所又は当事者（夫と妻）の合意で定める家庭裁判所となります。申立手数料は、1件につき収入印紙1200円分が必要ですが、そのほかに家庭裁判所の指定する種類の郵便切手も提出する必要があります。

(4)　「夫婦関係等調整調停申立書（円満調整）」用紙に記入する主な事項の記載例は、次の通りです。

　　① 申立人（夫又は妻）の本籍、住所、氏名、生年月日
　　② 相手方（夫又は妻）の本籍、住所、氏名、生年月日
　　③ 「申立の趣旨」欄は、「円満調整」欄と「関係解消」欄に分かれてい

るので「円満調整」欄の次の該当項目1の番号を○で囲みます。
　　　　1　申立人と相手方間の婚姻関係を円満に調整する。
　④　「申立の理由」欄の次の該当欄に記入します。
　　A　「同居・別居の時期」欄は、同居を始めた年月日と別居をした年月日を記入
　　B　「申立の動機」欄は、次の中の該当番号を○で囲み、最も重要と思うものを◎で囲みます。
　　　1　性格があわない
　　　2　異性関係
　　　3　暴力をふるう
　　　4　酒を飲みすぎる
　　　5　性的不調和
　　　6　浪費する
　　　7　病気
　　　8　精神的に虐待する
　　　9　家族をすててかえりみない
　　　10　家族と折り合いが悪い
　　　11　同居に応じない
　　　12　生活費を渡さない
　　　13　その他（　　　　　　　　　）
(5)　主な添付書類には次の書類がありますが、申立書作成時に家庭裁判所に確認をしておきます。戸籍謄本とは、戸籍の全部事項証明書をいいます。
　①　夫婦（申立人と相手方）の戸籍謄本

2　婚姻費用の分担請求調停に関する家事事件の申立

(1)　婚姻費用とは、夫婦が未成熟子との家庭生活を営む上で必要な費用で、その財産・収入・社会的地位に相応した通常の生活費用をいいます。夫婦には同居協力義務があり、この義務に対応して婚姻共同生活から生じる費用は、夫婦各自がその資産・収入その他の一切の事情を考慮して婚姻費用の分担をします。例えば、夫が給与収入を生活費とし妻が家事を

するという分担も婚姻費用の分担となります。

　　婚姻費用の分担が問題となるのは、夫婦が別居して破綻状態にある場合や離婚訴訟を提起している場合が多いのですが、別居中の夫婦の間で婚姻費用の分担について話し合いがまとまらない場合や話し合いができない場合には、家庭裁判所の調停又は審判の申立をすることができます。婚姻費用の分担に関する処分は、家事事件手続法の「別表第二」の事件ですから、通常は最初に調停の申立がなされますが、若し仮に、最初に審判の申立がなされても、家庭裁判所は、当事者の意見を聴いて、いつでも、職権で、事件を家事調停に付することができます。家事調停が不成立となった場合は、調停申立の時に審判の申立があったものとみなされ、審判の手続が進められます。

(2)　婚姻費用の分担請求調停の申立人は、夫又は妻となります。申立書用紙は、家事調停申立書用紙（Q2の3の（4）参照）又は特別の書式「家事調停申立書・婚姻費用分担請求」用紙を使用しますが、特別の書式がある場合にはその用紙を使用します。この特別の書式用紙は、「婚姻費用分担請求」に使用するほか「婚姻費用増額請求」や「婚姻費用減額請求」の各調停にも使用します。

(3)　Q 19と同様、申立書の提出先は、相手方（夫又は妻）の住所地の家庭裁判所又は当事者（夫と妻）の合意で定める家庭裁判所となります。申立手数料は、1件につき収入印紙1200円分が必要ですが、そのほかに家庭裁判所の指定する種類の郵便切手も提出する必要があります。

(4)　「家事調停申立書・婚姻費用分担請求」用紙に記入する主な事項は、次の通りです。

　　① 　申立人（夫又は妻）の住所、氏名、生年月日
　　② 　相手方（夫又は妻）の住所、氏名、生年月日
　　③ 　未成年の子の氏名、生年月日、申立人又は相手方等との同居の状況
　　④ 　「申立の趣旨」欄は、例えば、次の記載例のように記入
　　　「相手方は、申立人に対し、婚姻期間中の生活費として次の通り支払うとの調停を求めます。
　　　　1　毎月金〇万円を支払う。」（1に〇を付ける。2は増額の場合、3は減額の場合）

⑤ 「申立の理由」欄の次の各欄の該当欄に記入
　　A 「同居・別居の時期」欄は、同居を始めた年月日と別居をした年月日を記入
　　B 「婚姻費用の取決めについて」欄は、各該当項目の□にレを記入
　　　1 当事者間の婚姻期間中の生活費に関する取決めの有無
　　　2 上記1で「あり」の場合は、取決めの種類と取決めの内容を記入
　　C 「婚姻費用の支払状況」欄は次の該当項目の□にレを記入
　　　□現在、毎月〇円が支払われている（支払っている）
　　　□平成〇年〇月ころまで毎月〇円が支払われていた（支払っていた）が、その後、支払がない（支払っていない）
　　　□支払はあるが、一定しない
　　　□これまで支払はない

(5) 主な添付書類には次の書類がありますが、申立書作成時に家庭裁判所に確認をしておきます。
　① 夫婦（申立人と相手方）の戸籍謄本（戸籍の全部事項証明書）
　② 申立人の収入関係資料（例えば、源泉徴収票、確定申告書の写し）

Q21 慰謝料請求調停、財産分与請求調停に関する家事事件の申立は、どうするのですか

1 慰謝料請求調停に関する家事事件の申立

(1) 慰謝料とは、精神的損害に対する賠償金をいいます。慰謝料は、相手方の不法行為（他人の権利や法律上保護される利益を侵害する行為）によって被った精神的苦痛を賠償するための損害賠償であって、例えば、相手方の不貞行為によって離婚せざるを得なくなったような場合には、相手方に対して慰謝料を請求することができます。離婚後に慰謝料についての当事者間の話し合いがまとまらない場合や話し合いができない場合には、家庭裁判所の調停の手続を利用することができます。離婚前の場合は、Q19に述べた夫婦関係調整調停（離婚）の手続の中で慰藉料を請求することができます。離婚慰謝料の客観的な算定基準はありませんから、裁判所はあらゆる事情を考慮して決定します。例えば、①相手方の責任の程度、②夫婦の婚姻期間、③相手方の支払い能力が考慮されます。明確な相場はありませんが、裁判例からは300万円から500万円の範囲のものが多いと言えます。

(2) 慰謝料請求調停の申立人は、離婚した元夫又は離婚した元妻となります。申立書用紙は、家事調停申立書用紙（Q2の3の(4)参照）を使用しますが、□調停の□にレを記入して、事件名の欄に「慰謝料」と記入します。

(3) 前項と同様、申立書の提出先は、相手方（離婚した夫又は離婚した妻）の住所地の家庭裁判所又は当事者の合意で定める家庭裁判所となります。申立手数料は、1件につき収入印紙1200円分が必要ですが、そのほかに家庭裁判所の指定する種類の郵便切手も提出する必要があります。

(4) 「家事調停申立書・慰謝料」用紙に記入する主な事項は、次の通りです。

　① 申立人（元の夫又は元の妻）の住所、氏名、生年月日

② 相手方（元の夫又は元の妻）の住所、氏名、生年月日
　　③ 「申立の趣旨」欄は、次の記載例のように記入
　　　「相手方は、申立人に対し、慰謝料として金○万円を支払うとの調停を求める」、又は「相手方は、申立人に対し、慰謝料として相当額を支払うとの調停を求める」（金額を明示しない場合は「相当額」とします）
　　④ 「申立の理由」欄には、例えば、次の記載例のように記入
　　　ア　申立人と相手方は、平成○年○月○日に婚姻届を提出した。
　　　イ　相手方は、平成○年○月ころからスナック経営者Ａ子と再三にわたって不貞な行為に及び、その後、申立人を捨ててＡ子と同居するようになった。その結果、申立人と相手方とは、平成○年○月○日に慰謝料を定めず協議離婚の届け出をした。
　　　ウ　しかし、これは相手方の一方的な不貞行為を原因として離婚せざるを得なくなったものであるから、慰謝料を請求するため本申立をする。
　(5) 添付書類は、申立の段階では必要ありませんが、家庭裁判所から追加書類の提出を求められる場合があります。

2　財産分与請求調停に関する家事事件の申立

　(1) 財産分与とは、夫婦が婚姻中に協力して取得した財産を離婚をする際又は離婚後に分けることをいいます。夫婦の協力により築き上げた財産を離婚に際して清算するのです。清算の対象となる財産には、名義のいかんにかかわらず、婚姻後に夫婦の協力によって得た一切の財産が含まれます。土地、建物、動産、預金、現金、有価証券、債権、知的財産権その他のすべての財産が含まれます。

　　離婚後に財産分与について当事者間の話し合いがまとまらない場合や話し合いができない場合には、離婚の時から２年以内に家庭裁判所に調停又は審判の申立をして財産分与を請求することができます。離婚前の場合は、家庭裁判所の夫婦関係調整調停（離婚）の手続の中で財産分与の請求をすることができます。

　　財産分与に関する処分は、家事事件手続法の「別表第二」の事件ですから、通常は最初に家事調停の申立がなされますが、若し仮に、最初に

審判の申立がなされても、家庭裁判所は、当事者の意見を聴いて、いつでも、職権で、事件を家事調停に付することができます。家事調停が不成立となった場合は、調停申立の時に審判の申立があったものとみなされ、審判の手続が進められます。
(2)　財産分与請求調停の申立人は、離婚した元夫又は離婚した元妻となります。申立書用紙は、家事調停申立書用紙（Q2の3の（4）参照）を使用しますが、□調停の□にレを記入して、事件名の欄に「財産分与」と記入します。
(3)　申立書の提出先は、相手方（離婚した元夫又は離婚した元妻）の住所地の家庭裁判所又は当事者の合意で定める家庭裁判所となります。申立手数料は、1件につき収入印紙1200円分が必要ですが、そのほかに家庭裁判所の指定する種類の郵便切手も提出する必要があります。
(4)　「家事調停申立書・慰謝料」用紙に記入する主な事項は、次の通りです。
　①　申立人（元の夫又は元の妻）の住所、氏名、生年月日
　②　相手方（元の夫又は元の妻）の住所、氏名、生年月日
　③　「申立の趣旨」欄は、例えば、次の記載例のように記入
　　「相手方は、申立人に対し、財産分与として金○万円を支払うとの調停を求める」
　④　「申立の理由」欄には、例えば、次の記載例のように記入
　　ア　申立人と相手方は、平成○年○月○日に婚姻し一男一女をもうけたが、相手方の不貞行為が原因で夫婦関係が破綻し、平成○年○月○日に協議離婚の届出書を提出した。
　　イ　相手方は、平成○年○月から株式会社○建設に勤務し、現在年収約○万円を得ており、別紙財産目録記載の不動産を所有している。
　　ウ　申立人は、婚姻当時から現在まで○商事株式会社に勤務している。
　　エ　申立人と相手方は、協力して蓄えた資産によって別紙財産目録記載の不動産を購入し、同目録記載の預金もした。
　　オ　申立人の稼働及び家事労働による寄与によって、相手方は別紙財産目録記載の不動産を取得し預金をしたのであるから、申立人は、

　　　　財産分与として不動産の時価の2分の1に該当する金員及び預金の2分の1の金員の支払を相手方に求めたが、相手方は、話し合いに応じようとしないので、本申立の趣旨の通りの調停を求める。
　⑤　別紙の財産目録には次のような内容を記載します。
　　ア　土地については、所在、地番、地目、地積
　　イ　建物については、所在、家屋番号、種類、構造、床面積
　　ウ　預金については、銀行名・支店名、預金種別、口座番号、口座名義、金額
(5)　主な添付書類には次の書類がありますが、申立書作成時に家庭裁判所に確認をしておきます。
　①　離婚時の夫婦の戸籍謄本（離婚により除籍された記載のあるもの）
　②　離婚時の夫婦の財産に関する資料（例えば、不動産登記簿謄本、固定資産評価証明書、預金通帳写し）
　③　財産目録（この例の場合は、土地、建物、預金の明細）

Q22 年金分割割合、協議離婚無効確認調停に関する家事事件の申立は、どうするのですか

1 年金分割割合に関する家事事件の申立

(1) 年金分割とは、離婚時に婚姻期間中の厚生年金や共済年金を分割する制度をいいます。年金の按分割合（分割割合）の制度については、①平成19年4月以降に離婚した場合において当事者間の合意又は家庭裁判所の調停若しくは審判により分割割合を定める制度（合意分割）と、②離婚当事者が第2号被保険者（雇用されている者）の被扶養配偶者（扶養されている第3号被保険者）であった平成20年4月以降の期間がある場合に、合意がなくても被扶養配偶者が厚生労働大臣に請求することにより、その対象期間の年金についての2分の1を被扶養配偶者に分割できる制度（3号分割）とがあります。

上記①の合意による分割割合について当事者間の話し合いがまとまらない場合又は話し合いができない場合には、当事者の一方の申立により、家庭裁判所が、対象期間における保険料納付に対する当事者の寄与の程度その他一切の事情を考慮して分割割合を定めます。家庭裁判所に対する分割割合を定める調停又は審判の申立は、離婚した日の翌日から起算して2年を経過した場合は申立をすることはできません。

この場合の分割割合に関する処分は、家事事件手続法の「別表第二」の事件ですから、通常は、まず家事調停の申立をしますが、最初に審判の申立をした場合には、家庭裁判所は、当事者の意見を聴いて、いつでも、職権で、事件を家事調停に付することができます。家事調停が不成立に終わった場合は、調停申立の時に審判の申立があったものとみなされ、審判の手続が進められます。

年金分割割合に関する家事事件の申立には、「**年金分割のための情報通知書**」が必要ですが、この情報通知書は、厚生年金については日本年金機構の各地の年金事務所に対して、共済年金については各共済組合に

対して、各当事者から情報提供の請求をすることができます。
(2) 年金分割割合の調停の申立人は、離婚した元夫又は離婚した元妻となります。申立書用紙は、家事調停申立書用紙（Q2の3の（4）参照）の特別の書式を使用しますが、□調停の□にレを記入して、事件名の欄に「請求すべき按分割合」と記入します。
(3) 申立書の提出先は、調停の場合は相手方（離婚した元夫又は離婚した元妻）の住所地の家庭裁判所又は当事者の合意で定める家庭裁判所となります。申立手数料は、年金の種類ごとに1件につき収入印紙1200円分が必要ですが、そのほかに家庭裁判所の指定する種類の郵便切手も提出する必要があります。
(4) 「家事調停申立書・請求すべき按分割合」用紙に記入する主な事項は、次の通りです。
　① 申立人（元の夫又は元の妻）の住所、氏名、生年月日
　② 相手方（元の夫又は元の妻）の住所、氏名、生年月日
　③ 「申立の趣旨」欄は、例えば、次の記載例のように記入
　　「申立人と相手方との間の別紙1及び2記載の情報に係る年金分割についての請求すべき按分割合を0.5と定めるとの調停を求めます」
　　（年金の種類が複数あり「情報通知書」が2通ある場合は上記の通り記載します）
　④ 「申立の理由」欄には、例えば、次の記載例のように□内にレを記入
　　ア　申立人と相手方は、共同して婚姻生活を営み夫婦として生活していたが、離婚した。
　　イ　申立人と相手方との間の離婚成立日、離婚時年金分割制度に係る第一号改定者及び第二号改定者の別、対象期間及び按分割合の範囲は、別紙1及び2の通りである。
　⑤ 別紙の「年金分割のための情報通知書」は年金制度ごとに必要ですから、例えば、厚生年金と共済年金に加入していた場合は「別紙1及び2」のように記入します。「年金分割のための情報通知書」の第一号改定者とは被保険者又は被保険者であった者をいい、第二号改定者とは第一号改定者の配偶者であった者をいいます。

(5) 主な添付書類には次の書類がありますが、申立書作成時に家庭裁判所に確認をしておきます（戸籍謄本とは、戸籍の全部事項証明書をいいます）。
　① 離婚時の夫婦の戸籍謄本（離婚により除籍された記載のあるもの）
　② 年金分割のための情報通知書（年金制度ごとに必要ですから、例えば、厚生年金と共済年金に加入していた場合は各1通が必要です）
(6) 年金分割制度を利用するには、調停の成立又は審判の確定のほかに、その確定の日から1カ月以内に、当事者の一方から厚生年金の場合は各地の年金事務所に対して、共済年金の場合は各共済組合に対して、調停成立調書謄本又は審判書謄本その他の指定された書類を提出して年金分割請求の手続をする必要があります。調停手続又は審判手続をしている間に離婚日から2年を経過した場合も、調停成立日又は審判確定日の翌日から起算して1カ月以内に年金分割請求の手続をする必要があります。

2　協議離婚無効確認調停に関する家事事件の申立

(1) 協議離婚の無効とは、当事者の一方が勝手に協議離婚をした旨の虚偽の離婚届を作成して届け出た場合のように、当事者間に離婚の意思や届け出の意思がなかった場合の離婚の無効をいいます。このように協議離婚が無効の場合であっても、この無効を主張して協議離婚の記載のある戸籍を訂正するためには、夫又は妻を相手方として協議離婚無効確認の調停の申立をする必要があります。この調停において、当事者間で、既に届け出のなされた協議離婚が無効である旨の合意ができ、家庭裁判所が必要な調査を行った上で、その合意が正当であると認められた場合は、合意に従った審判がなされます。既に一方の当事者が別の第三者と婚姻をしている場合は、その夫又は妻のほか、その第三者も相手方として婚姻取消の調停の申立をする必要があります。調停不成立の場合の協議離婚が無効であることの確認は、人事訴訟法2条1号に規定する人事訴訟事項ですから、人事訴訟法によって解決することになります。
(2) 協議離婚無効確認の調停の申立人は、①協議離婚した夫又は妻、②協議離婚した夫婦の親族その他離婚無効について直接確認の利益を有する第三者となります。申立書用紙は、家事調停申立書用紙（Q2の3の（4）参照）を使用しますが、□調停の□にレを記入して、事件名の欄に「協

議離婚無効確認」と記入します。
(3) 申立書の提出先は、相手方の住所地の家庭裁判所又は当事者の合意で定める家庭裁判所となります。申立手数料は、1件につき収入印紙1200円分が必要ですが、そのほかに家庭裁判所の指定する種類の郵便切手も提出する必要があります。
(4) 「家事調停申立書・協議離婚無効確認」用紙に記入する主な事項は、次の通りです。
　① 申立人の本籍、住所、氏名、生年月日
　② 相手方の本籍、住所、氏名、生年月日
　③ 「申立の趣旨」欄は、次の記載例のように記入
　　「申立人と相手方との協議離婚は無効であることを確認するとの調停を求める」
　④ 「申立の理由」欄には、例えば、次の記載例のように記入
　　ア　申立人と相手方は、平成○年○月○日に婚姻届を提出し一男一女をもうけた。
　　イ　相手方は、平成○年○月頃から○○○○と同棲を始め、申立人に対して、再三、離婚を申し出るようになったが、申立人は、子供のことを考えて離婚の申し出を拒んできた。
　　ウ　最近、申立人が戸籍謄本を取り寄せたところ、平成○年○月○日に、申立人と相手方との協議離婚の届け出がなされていたが、これは、相手方が申立人に無断でした無効な届け出である。
　　エ　申立人は、相手方と離婚する意思は全くなかったので、申立の趣旨の通りの調停を求める。
(5) 主な添付書類には次の書類がありますが、申立書作成時に家庭裁判所に確認をしておきます（戸籍謄本とは、戸籍の全部事項証明書をいいます）。
　① 申立人の戸籍謄本
　② 相手方の戸籍謄本
　③ 利害関係人からの申立の場合の利害関係を証する資料（例えば、親族の場合はそれを証する戸籍謄本）
　④ 離婚届の記載事項証明書
(6) 調停によって合意が成立した場合は、家庭裁判所は、必要な事実を調

査し合意が正当であると認めた場合は合意に相当する審判をします。審判が確定した場合は、申立人は、確定後1カ月以内に住所地の市町村役場に戸籍訂正の申請をする必要があります。調停が不成立の場合は、人事訴訟法の協議離婚無効確認の人事訴訟を提起する必要があります。

Q23 内縁関係調整調停、離婚後の紛争調整調停に関する家事事件の申立は、どうするのですか

1 内縁関係調整調停に関する家事事件の申立

(1) 内縁関係とは、実質上は夫婦でありながら、法律上の婚姻の届け出をしていないために法律上の婚姻とは認められない男女の関係をいいます。内縁関係にある当事者間で、内縁関係の解消についての話し合いがまとまらない場合や話し合いができない場合には、内縁関係調整調停として家庭裁判所の調停手続を利用することができます。

内縁関係調整調停では、内縁関係の解消だけでなく、内縁関係の解消に際しての財産分与や慰謝料についても話し合うことができます。

(2) 内縁関係調整調停の申立人は、内縁の夫又は内縁の妻となります。申立書用紙は、家事調停申立書用紙（Q2の3の(4)参照）又は特別の書式「夫婦関係等調整調停申立書・内縁関係調整」を使用しますが、特別の書式のある場合には、それを使用します。

(3) 申立書の提出先は、相手方の住所地の家庭裁判所又は当事者の合意で定める家庭裁判所となります。申立手数料は、1件につき収入印紙1200円分が必要ですが、そのほかに家庭裁判所の指定する種類の郵便切手も提出する必要があります。

(4) 「夫婦関係等調整調停申立書・内縁関係調整」用紙に記入する主な事項は、次の通りです。この用紙は、離婚調停その他の夫婦関係調整調停にも使用されます。

① 申立人の住所、氏名、生年月日
② 相手方の住所、氏名、生年月日
③ 「申立の趣旨」の「円満調整」欄は、次の2に○を記入
「2 申立人と相手方間の内縁関係を円満に調整する」
④ 「申立の理由」欄には次の事項を記入
ア 「同居・別居の時期」につき、同居を始めた年月日と別居をした

年月日
　　イ　「申立の動機」の次の該当項目を○で囲み、最も重要なものは◎で囲む
　　　1　性格が合わない
　　　2　異性関係
　　　3　暴力をふるう
　　　4　酒を飲みすぎる
　　　5　性的不調和
　　　6　浪費する
　　　7　病気
　　　8　精神的に虐待する
　　　9　家族をすててかえりみない
　　　10　家族と折り合いが悪い
　　　11　同居に応じない
　　　12　生活費を渡さない
　　　13　その他（　　　）

(5)　添付書類は申立の段階では特にありませんが、申立書作成時に家庭裁判所に確認をしておきます。年金分割割合についての調停が含まれている場合には、各年金制度ごとの「年金分割のための情報通知書」が必要になります（Q22の1参照）。厚生年金保険法その他の年金法の「配偶者、夫、妻」には、婚姻の届け出をしていないが、事実上婚姻関係と同様の事情（内縁関係）にある者を含みます。

2　離婚後の紛争調整調停に関する家事事件の申立

(1)　離婚後の紛争としては、例えば、離婚した夫婦間において別居した元配偶者が自分の所有物の引渡を求める場合、元の配偶者にその所有物の引き取りを求める場合、前の夫が復縁を迫って前の妻の住居を訪問して紛争が生じている場合、離婚の際の協議・調停・裁判によって定められた事項が履行されない場合その他の離婚後の紛争について当事者間の話し合いがまとまらない場合又は話し合いができない場合には、家庭裁判所の調停の手続を利用することができます。これらの家事事件は、家事

事件手続法244条に規定する一般調停事件となりますから、調停不成立の場合は、訴訟手続によることになります。
(2) 離婚後の紛争調整調停の申立人は、離婚した元夫又は離婚した元妻となります。申立書用紙は、家事調停申立書用紙（Q2の3の(4)参照）を使用しますが、□調停の□にレを記入し、事件名の欄に「離婚後の紛争調整」と記入します。
(3) 前項同様、申立書の提出先は、相手方（元夫又は元妻）の住所地の家庭裁判所又は当事者の合意で定める家庭裁判所となります。申立手数料は、1件につき収入印紙1200円分が必要ですが、そのほかに家庭裁判所の指定する種類の郵便切手も提出する必要があります。
(4) 「家事調停申立書・離婚後の紛争調整」用紙に記入する主な事項は、次の通りです。
　① 申立人の住所、氏名、生年月日
　② 相手方の住所、氏名、生年月日
　③ 「申立の趣旨」欄には、次の記載例のように記入
　　　「申立人と相手方との間の離婚後の紛争を調整する調停を求める」
　④ 「申立の理由」欄には、例えば、次の記載例のように記入
　　　ア　申立人と相手方は、平成○年○月○日に協議離婚の届出書を提出した。
　　　イ　現在、申立人の居住している自宅は、離婚の際の協議により申立人の所有となったものであるが、相手方は、自分の所有する荷物を再三にわたる催促にもかかわらず、引き取りをしない。
　　　ウ　既に離婚後、2年を経過しているのに、相手方が引き取りをしないので、申立人は、捨てることもできずに困惑している。
　　　エ　相手方との話し合いによる解決の見込みがないので、この申立をする。
(5) 添付書類は、申立の段階では特にありませんが、申立書作成時に家庭裁判所に確認をしておきます。

Q24 離婚訴訟事件は、どのように進められますか

1 離婚訴訟事件とは

(1) 離婚訴訟事件とは、離婚についての家事調停が成立しない場合に人事訴訟法に基づいて家庭裁判所に離婚の訴えを提起する事件をいいます。離婚事件のような調停を行うことができる事件について訴えを提起しようとする者は、まず家庭裁判所に家事調停の申立をする必要があります（家事事件手続法257条）。これを「調停前置主義」と呼んでいます。調停不成立の場合に人事訴訟法によって離婚訴訟を提起することができるのです。

(2) 離婚の方法には、Q19で述べた通り次の6種類がありますが、離婚訴訟は、次の④に該当します。
① 協議離婚（夫婦の合意と離婚の届出によって成立する離婚）
② 調停離婚（家庭裁判所の調停が成立した場合の離婚）
③ 審判離婚（家庭裁判所の調停に代わる審判による離婚）
④ 判決離婚（家庭裁判所の離婚訴訟の判決による離婚）
⑤ 和解離婚（離婚訴訟の中で和解が成立した場合の離婚）
⑥ 認諾離婚（離婚訴訟の中で原告の請求を認めたことによる離婚）

(3) 離婚訴訟では、離婚そのものだけでなく、例えば、①離婚後の未成年の子供の親権者を誰にするのか、②未成年の子供の養育費の金額をいくらにするのか、③財産分与の金額はいくらにするのか、④年金分割割合はどうするのか、⑤不貞行為に対する慰謝料額はいくらにするのか、といったことも離婚と同時に決めることを求めることができます。

(4) 離婚の訴えの手続は、人事訴訟法に規定する手続によりますが、人事訴訟法に規定のない限り民事訴訟法の規定が適用になります。人事訴訟の特質から民事訴訟の弁論主義の規定が排除され、職権探知主義が採用されています。民事訴訟の弁論主義の主な内容は次の通りです。

① 裁判所は当事者が主張した事実に限って判決の基礎とすることができる。
② 裁判所は当事者間に争いのない事実は判決の基礎としなければならない。
③ 裁判所は当事者の申し出た証拠方法を取り調べた結果による必要があり、裁判所の職権で証拠調べをすることはできない。

　これに対して、人事訴訟法20条は次の通り職権探知主義を採用しています。

　「人事訴訟においては、裁判所は、当事者が主張しない事実をしん酌し、かつ、職権で証拠調べをすることができる。この場合においては、裁判所は、その事実及び証拠調べの結果について当事者の意見を聴かなければならない」

(5) 裁判上の離婚（判決離婚）については、夫婦の一方は、次に掲げる場合に限り、離婚の訴えを提起することができるとされています（民法770条1項）。
① 配偶者に不貞な行為があったとき
② 配偶者から悪意で遺棄されたとき
③ 配偶者の生死が3年以上明らかでないとき
④ 配偶者が強度の精神病にかかり、回復の見込みがないとき
⑤ その他婚姻を継続し難い重大な事由があるとき

　ただ、裁判所は、上記の①から④までに掲げる事由がある場合であっても、一切の事情を考慮して婚姻の継続を相当と認める場合は、離婚の請求を棄却することができるとしています（民法770条2項）。

(6) 有責配偶者（例えば、不貞な行為のあった配偶者）からの離婚請求は一般的には認められませんが、最高裁昭和62年9月2日判決は、次の場合には**有責配偶者からの離婚請求も許される**としています。

　「①夫婦の別居が夫婦の年齢及び同居期間との対比において相当の長期間に及び、②夫婦間に未成熟の子が存在しない場合には、③相手方配偶者が離婚により精神的・社会的・経済的に極めて過酷な状況に置かれる等、離婚請求を認容することが著しく社会的正義に反するといえるような特段の事情の認められない限り、有責配偶者からの請求であるとの

一事をもって許されないとすることはできない。」

2 離婚の訴えの提起

(1) 離婚の訴えの訴状を提出する裁判所は、夫又は妻の住所地の家庭裁判所とされていますが、その家庭裁判所と離婚の訴えの提起前に家事調停を行った家庭裁判所とが異なる場合には、家事調停を行った家庭裁判所で離婚訴訟を取り扱う場合もあります。

(2) 離婚の訴えを提起する場合は、管轄の家庭裁判所に「訴状」という書面を提出する必要があります。提出通数は、裁判所用1通と訴える相手方の被告用1通の合計2通ですが、原告（訴えた者）用の控えも作成します。訴状を提出する際には、裁判の手数料の収入印紙も提出しますが、収入印紙額は訴状で請求する内容によって金額が異なりますから、訴状作成時に家庭裁判所の訴状受付係に確認をします。手数料の収入印紙のほかに家庭裁判所の指定する種類の郵便切手も提出する必要があります。書式の欄外の①訴訟物の価額、②貼用印紙額、③予納郵便切手の各欄は受付係で確認して記入します。

(3) 訴状の書き方は決まっていませんが、最も簡単なのは家庭裁判所の訴状受付係で訴状作成用紙の交付を受けて記載見本を見せてもらうか、インターネットを利用できる場合は最高裁判所のホームページの「裁判手続の案内・家事事件・離婚」を検索し記入例を参考にして作成をします。以下には最高裁判所のホームページの記載見本の要点を示しますが、この場合の記入用紙も家庭裁判所で無料で交付を受けられます。

（記入例）

訴　　状

事件名　離婚請求事件
〇〇家庭裁判所　御中　　平成〇年〇月〇日
　　　　　　　　　　　　原告の記名と押印〇〇〇〇　（印）
① 「原告」の欄に本籍、住所、氏名、送達場所（郵便の受領場所）を記入
② 「被告」の欄に本籍、住所、氏名を記入

③ 「添付書類」の欄の次の該当書類の□内にレを記入

□戸籍謄本、□年金分割のための情報通知書、□甲第○号証〜甲第○号証、□証拠説明書、□調停が終了したことの証明書、□証拠申出書

（注意：上記の甲第○号証とは、原告の提出した証拠書類に一連番号を付したものです）

④ 「夫婦関係の形成又は存否の確認を目的とする係争中の事件の表示」の欄には該当する事件がある場合にのみ記入

（注意：例えば、婚姻無効確認請求事件、婚姻取消請求事件のような事件が該当します）

⑤ 「請求及び申立の趣旨」の欄の該当事項を記入（□内に該当する場合はレを記入）

原告と被告とを離婚する。

（親権者の指定）

　□原告と被告間の続柄○○、名○○（平成○年○月○日生）、続柄○○、名○○（平成○年○月○日生）の親権者を□原告、□被告と定める。

（慰謝料）

　□被告は、原告に対し、次の金員を支払え。

　　　□金○○○万円

　　　□上記金員に対する離婚判決確定の日の翌日から支払済みまで年5分の割合による金員

（財産分与）

　□被告は、原告に対し、次の金員を支払え。

　　　□金○○○万円

　　　□上記金員に対する離婚判決確定の日の翌日から支払済みまで年5分の割合による金員

（養育費）

　□被告は、原告に対し、平成○年○月から、続柄○○名○○、続柄○○名○○が、成年に達する月まで、毎月25日限り、子一人につき金○万円ずつ支払え。

（年金分割）

□原告と被告との間の別紙1及び2（年金分割のための情報通知書）記載の情報に係る年金分割についての請求すべき按分割合を0.5と定める。
　　□訴訟費用は被告の負担とする。
　との判決（□及び慰謝料につき仮執行宣言）を求める。
　　（注意：仮執行宣言とは、判決の確定前に強制執行のできる裁判をいいます）
⑥　「請求の原因等」の欄に該当事項を記入（□に該当する場合はレを記入）
　1 (1)　原告と被告は、□昭和□平成○年○月○日に婚姻の届出をしました。
　　(2)　原告と被告間の未成年の子は、□いません。□次のとおりです。
　　　　続柄○○名○○　　年齢○○歳　（平成○年○月○日生）
　　　　続柄○○名○○　　年齢○○歳　（平成○年○月○日生）
　2 (調停前置)
　　　夫婦関係に関する調停を□しました。
　　　　事件番号　○家庭裁判所平成○年（家イ）第○○○号
　　　　結果　　平成○年○月○日　　□不成立、□取下げ
　　　　理由　　□被告が離婚に応じない
　　　　　　　　□その他（　　　　　　　）
　　　　　　　　□条件が合わない（親権者等）
　　　□していません
　　　　理由　　□被告が所在不明
　　　　　　　　□その他（　　　　　　　　）
　3　離婚の原因
　　　次の理由があるので、原告は、被告に対して、離婚を求めます。
　　　　□被告の不貞行為　□被告の悪意の遺棄　□被告の生死が3年以上不明　□被告が強度の精神病で回復の見込みがない　□その他婚姻を継続し難い重大な事由
　　　その具体的な内容は、次のとおりです。
　　　(1)　不貞行為について（内容省略）

(2)　婚姻を継続し難い重大な事由について（内容省略）
4　子の親権者について（内容省略）
5　慰謝料について（内容省略）
6　財産分与について（内容省略）
7　養育費について（内容省略）
8　年金分割について（内容省略）
9　まとめ「よって、請求及び申立の趣旨記載の判決を求めます」と記入

(4)　訴状は上記のような家庭裁判所で用紙の交付を受けられる簡単な書式を用いる場合のほか、次のような通常の民事訴訟の訴状の書式で作成する場合もあります。最高裁判所の示した書式例では、Ａ４の用紙に横書き・片面印刷とし、パソコンを使用する場合は、1行の文字数は37文字、1頁の行数は26行、文字サイズは12ポイント、余白は、上部35㎜、下部27㎜、左側30㎜、右側15㎜とします。手書きの場合も、およそ同様の余白を取ります（訴状の書き方の詳細は、本書の著者による『本人訴訟ハンドブック』、緑風出版を参照）。離婚の場合の訴状の記載例は、次のようになります。

（記載例）

訴　　状

平成○年○月○日

○○家庭裁判所　御中

　　　　　　　　　　　　　　　原告　　○○○○　（印）

　　　本籍　○県○市○町○丁目○番地
　　　住所　〒000-0000　○県○市○町○丁目○番○号（送達場所）
　　　　　　原告　　○○○○
　　　　　　　　　　　　　　　（電話番号000-000-0000）

　　　本籍　○県○市○町○丁目○番地

　　　　　住所　〒000-0000　○県○市○町○丁目○番○号
　　　　　被告　　　○○○○

離婚等請求事件
　訴訟物の価額　　○○○万円
　貼用印紙額　　　○万円

第1　請求の趣旨
　1　原告と被告とを離婚する。
　2　被告は、原告に対し、○○○万円及びこれに対する本判決確定の日から支払済みまで年5分の割合による金員を支払え。
　3　訴訟費用は被告の負担とする。

第2　請求の原因
　1　当事者
　　　原告は昭和○年○月○日生まれの妻であり、被告は昭和○年○月○日生まれの夫である。、二人は平成○年○月○日に婚姻した夫婦である（甲第1号証）。原告と被告の間には子供はいない。
　2　被告の不貞
　　　（例えば、離婚原因の不貞の事実を具体的に記載します）
　3　離婚原因
　　　以上の通り、原告と被告との婚姻関係は、被告の不貞のため破綻しており、民法770条1項1号及び5号所定の離婚事由が存在する。
　4　慰謝料
　　　原告は、被告が不貞な行為をしたことにより離婚を余儀なくされ、精神的に多大な苦痛を被った。これを金銭に換算すると慰謝料は○○○万円が相当である。
　5　よって、原告は、民法770条1項1号及び5号に基づき被告との離婚を求めるとともに、民法709条及び710条に基づき離婚に伴う慰謝料として○○○万円及びこれに対する本判決確定の日から支払済みまで民法所定の年5分の割合による遅延損害金の支払を求める。

```
                    証拠方法
1   甲第1号証     戸籍謄本
2   甲第2号証     原告の陳述書
3   甲第3号証     不貞行為の現場写真
4   甲第4号証     調停不成立調書

                    附属書類
1   訴状副本           1通
2   甲号証の写し        各2通
                                        以上
```

① 訴状を提出する前に、先ず家庭裁判所に離婚の調停の申立をする必要があります（家事事件手続法257条1項による調停前置主義）。調停が不成立の場合は訴えを提起することができます。
② 訴状の「請求の趣旨」には、原告が、その訴えでどのような内容の判決を求めるのかを記載します。
③ 訴状の「請求の原因」には、原告の請求を特定するのに必要な事実を記載します。これによって審判の対象を明確にします。
④ 証拠方法には、物的証拠（文書その他の物）と人的証拠（証人、当事者本人、鑑定人）がありますが、訴状には文書（書証）の写しを添付します。
⑤ 第1回口頭弁論期日（最初の審理をする日時）には「証拠説明書」2通を家庭裁判所に持参し担当書記官に渡します。証拠説明書には、甲号証について次例のように記載をします。

（記載例）

```
平成○年（家ホ）第○○○号　離婚等請求事件
    原告    ○○○○
    被告    ○○○○
```

```
                    証拠説明書
                                    平成○年○月○日
  ○○家庭裁判所　御中
                                原告　　○○○○　　（印）
  頭書事件について、原告は、下記の通り証拠説明をする。
                        記
  1　甲第1号証について
      ①　標目（原本・写しの別）　　戸籍謄本（原本）
      ②　作成年月日　　平成○年○月○日
      ③　作成者　　○○市長
      ④　立証趣旨　　原告と被告が夫婦であること及び原告と被
        告の間に子が存在しないことを立証する。
  2　甲第2号証について
      （以下、省略）
                                              以上
```

⑥　訴状も証拠説明書も家庭裁判所に各2通（裁判所用と被告用で同じもの）を提出します。提出時に家庭裁判所の受付印を貰う場合は原告の控えも持参します。

3　離婚訴訟の主な流れ

(1)　離婚訴訟を提起しようとする場合には、家事事件手続法257条1項に規定する「調停前置主義」により、まず家庭裁判所に家事調停の申立をする必要があります。調停不成立の場合に初めて人事訴訟法によって離婚訴訟を提起することができるのです。

(2)　離婚訴訟の主な流れは、次の通りとなります。

> 訴えの提起
> 　①　原告（訴えを提起する妻又は夫）は、上記の「訴状」を相手方の夫又は妻の住所地を受け持つ家庭裁判所の訴状受付係に提出します。提出通数は裁判所用1通と被告（訴える相手方）用1通の合計

2通です。原告の控えを持参して受付印を貰うこともできます。
② 訴状の提出に際して裁判の手数料の収入印紙と家庭裁判所の指定する種類の郵便切手も提出します。収入印紙の金額は請求内容によって異なりますから家庭裁判所の訴状受付係に確認します。
③ 訴状には、証拠書類（書証といいます）の写しを添付します。原告の提出する書証を甲号証といい、甲第1号証、甲第2号証のように一連番号を赤鉛筆で付します。番号を記載する位置は横書き書類では右上隅、縦書き書類では左上隅とします。被告から提出する書証は乙号証といい、乙第1号証、乙第2号証のような一連番号が付されます。

訴状の審査
① 裁判官は訴状が適法かどうかを審査します。
② 訴状に不備がある場合はその補正（訂正）を求められます。

訴状の送達
① 裁判長は訴状を適法と認めた場合は書記官（裁判所職員）に被告用訴状を被告（訴えられた者）に対して送達（特別の書留郵便による郵送）させます。
② 被告用訴状の送達に際して（a）第1回口頭弁論期日の呼出状と（b）訴状に対する応答を記載した答弁書の提出期限通知書を同封します。期日とは、裁判所の審理の行われる日時をいいます。

答弁書の提出
① 被告は指定された期限までに訴状の内容に対する応答を記載した答弁書を裁判所に提出します。答弁書とは、訴状に記載された原告の申立に対して、被告がする最初の応答を記載した準備書（自分の言い分を書いた書面）をいいます。
② 答弁書では、訴状に記載された事実を認めるのか否認するのか、否認する場合には、その理由は何かなどを記載します。

↓

第1回口頭弁論期日

① 第1回口頭弁論期日では、原告は訴状を陳述(口頭で述べること)し、被告は答弁書を陳述します。陳述といっても、実務では、裁判官の質問に「はい」といったように答えるだけです。

② 最初の口頭弁論期日に当事者(原告と被告)の一方が欠席した場合は、欠席当事者の陳述がなされたものとみなされるので、出席当事者は、弁論を行うことができます。当事者双方が欠席した場合は、当事者が1カ月以内に口頭弁論期日指定の申立をしない場合は訴えの取下げがあったものとみなされます。

↓

口頭弁論の続行

① 裁判所では判決ができるようになるまで、口頭弁論(口頭での主張の陳述と証拠の提出)を続行します。

② 場合によっては、争点や証拠を整理するための①弁論準備手続(原則として非公開でテーブルを囲んで審理をする手続)、②準備的口頭弁論(準備段階の口頭弁論)、③書面による準備手続(当事者が遠隔地に居住している場合)に移行します。①の手続がよく利用されます。

③ 参与員(審理に立ち会うことのできる専門家)が訴訟の審理又は和解手続に立ち会い、意見を述べる場合があります。裁判所は、訴訟の係属中に各当事者に対して、いつでも和解(当事者が互いに譲歩して訴訟を終了させる合意をすること)を試みることができます。

↓

証拠調べ手続

① 人事訴訟では、通常の民事訴訟と異なり、職権探知主義を採用しているので、事実の探知は裁判所の責任としています。裁判所は、当事者が主張しない事実を斟酌し、裁判所の職権で証拠調べをすることができます。

② 裁判所は、家庭裁判所調査官(心理学、医学その他の専門知識を

持つ裁判所職員）に事実の調査をさせることができます。
③　当事者本人尋問や証人尋問を一定の場合には非公開で行うことができます。
④　各当事者は、証拠調べを求めるために物的証拠（文書その他）や人的証拠（証人その他）を民事訴訟に準じて提出することができます。

↓

口頭弁論の終結
①　裁判官が判決ができる状態になったと判断した場合は口頭弁論の手続を終結します。
②　口頭弁論終結前に裁判所は各当事者に対して和解を勧める場合がありますが、和解が成立した場合には訴訟は終了します。

↓

判決の言渡し
①　判決は言渡しによって成立し判決の効力が生じます。判決は、①訴訟要件を満たさない場合の訴え却下の判決（訴訟判決）と、②訴えが適法とされる場合の請求の当否の判断をする判決（本案判決）に分かれますが、②の本案判決は、(a) 原告の請求を認める請求認容判決と、(b) 原告の請求を認めない請求棄却判決に分けられます。
②　判決の内容に不服がある場合は上訴を提起することができます。

↓

上　訴
①　一審判決に不服がある場合は、高等裁判所に控訴を提起することができます。
②　二審判決に不服がある場合は、最高裁判所に上告又は上告受理申立をすることができますが、二審判決に憲法違反がある場合その他の厳格な要件を満たした場合に限られます。上告と上告受理申立は1通の書面で行うこともできます。
③　上訴のできる期間は、判決送達後2週間以内とされています。

4　附帯処分の申立

(1)　離婚訴訟に附帯して、家庭裁判所は、当事者の申立により、①子の監護者（親権者や後見人）の指定その他の子の監護に関する処分、②財産分与に関する処分、③年金分割の按分割合に関する処分の附帯処分についての裁判をする必要があります（人事訴訟法32条1項）。離婚訴訟のほか婚姻の取消訴訟の場合も、家庭裁判所は、その請求を認容する判決において附帯処分の裁判をする必要があります。この場合の申立書の提出方法も訴状と同様2通（同じもの）を家庭裁判所の訴状受付係に提出します。家庭裁判所の受付印を貰う場合には控えも持参します。

(2)　財産分与の附帯処分申立書の記載例は、次のようになります。金銭の支払いを請求する場合です。

（記載例）

○○家庭裁判所平成○年（家ホ）第○○○号　離婚等請求事件
　原告　　　○○○○
　被告　　　○○○○

　　　　　　　　　附帯処分申立書（財産分与）

　　　　　　　　　　　　　　　　　　　　　平成○年○月○日

○○家庭裁判所　御中

　　　　　　　　　　　　　　　　　　原告　　○○○○　（印）

貼用印紙額　　　1200円

第1　申立の趣旨
　被告は、原告に対し、財産分与として○○○万円を支払え。
　との裁判を求める。
第2　申立の理由
　1　御庁には、原告と被告との間の頭書事件が係属している。本件において離婚が認められた場合には、婚姻期間中に夫婦によって得られた財産につき財産分与が行われるべきである。
　2　本件では、（何々であるから・中略）財産分与の割合は、2分の1と

するのが相当である。
3 従って、別紙「財産分与対象財産一覧表」記載の原告名義の財産と被告名義の財産の合計金額の2分の1から原告名義の財産の合計額を引いた金額を、被告は、原告に対し、財産分与として支払うべきである。

証拠方法

1 甲10号証　土地登記簿謄本
2 甲11号証　建物登記簿謄本
3 甲12号証　原告名義預金通帳（○○銀行○○支店　口座番号000000）
4 甲13号証　被告名義預金通帳（○○銀行○○支店　口座番号000000）
5 甲14号証　被告名義預金通帳（○○銀行○○支店　口座番号000000）
6 甲15号証　被告名義預金通帳（○○銀行○○支店　口座番号000000）

（中　略）

附属書類

1 申立書副本　　　　　1通
2 甲号証写し　　　　　各2通
3 証拠説明書副本　　　2通

以上

(3) 養育費請求の附帯処分申立書の記載例は、次のようになります。子2人で同額を請求する場合です。

（記載例）

○○家庭裁判所平成○年（家ホ）第○○○号　離婚等請求事件
　原告　　○○○○
　被告　　○○○○

附帯処分申立書（養育費請求）

平成○年○月○日

　○○家庭裁判所　御中

原告　　○○○○　（印）

貼用印紙額　　2400円

第1　申立の趣旨
　　　被告は、原告に対し、長男太郎（平成○年○月○日生）及び長女花子（平成○年○月○日生）の養育費として、本判決確定の日から長男及び長女が満20歳に達する日の属する月まで、一人当たり1カ月○万円を毎月末日限り支払え。
　　　との裁判を求める。
第2　申立の理由
　1　御庁には、原告と被告との間の頭書事件が係属してり、原告は、離婚に伴い、原告と被告との間の長男太郎（平成○年○月○日生）及び長女花子（平成○年○月○日生）の親権者を母である原告と指定することを求めている。
　2　　　　（以下、申立の理由を記載する）
　　　　　　　　　　証拠方法
　1　甲20号証　　　原告の平成○年分の源泉徴収票
　2　甲21号証　　　被告の平成○年分の源泉徴収票
　　　　　　　　　（中　略）
　　　　　　　　　　附属書類
　1　申立書副本　　　　　　　1通
　2　甲号証写し　　　　　　　各2通
　3　証拠説明書副本　　　　　2通
　　　　　　　　　　　　　　　　　　　　　　以上

(4)　親権者の指定の附帯処分申立書の記載例は、被告からの申立の場合は次のようになります。次の記載例は、子二人の場合で被告からの附帯処分の申立の記載例です。

（記載例）

○○家庭裁判所平成○年（家ホ）第○○○号　離婚等請求事件

原告　　○○○○
被告　　○○○○

附帯処分申立書（親権者の指定）

平成○年○月○日

○○家庭裁判所　御中

被告　　○○○○　（印）

第1　申立の趣旨
　　　原告と被告との間の長男太郎（平成○年○月○日生）及び長女花子（平成○年○月○日生）の親権者をいずれも被告と定める。
　　　との裁判を求める。

第2　申立の理由
　1　御庁には、原告と被告との間の頭書事件が係属してり、同事件において、原告は、原告と被告との間の長男太郎（平成○年○月○日生）及び長女花子（平成○年○月○日生）の親権者をいずれも原告と指定することを求めている。
　2　しかし、　　　（以下、申立の理由を記載する）

証拠方法
　1　乙第7号証　　被告の陳述書
　2　乙第8号証　　被告の平成○年分の源泉徴収票
　3　乙第9号証　　被告の平成○年○月分の給与明細書
（中　略）

附属書類
　1　申立書副本　　　　　　　1通
　2　乙号証写し　　　　　　　各2通
　3　証拠説明書副本　　　　　2通

以上

①　この場合の附帯処分の申立は、家庭裁判所の職権の発動を促すものに過ぎませんから、申立費用の納付は不要です。
②　被告の提出する書証には、乙第○号証の一連番号を付します。

第5章●
家事事件の強制執行と審判への
不服申立は、どうするのですか

Q25
家事事件の強制執行は、どうするのですか

1　家事事件の強制執行とは
(1)　家事事件の強制執行とは、家庭裁判所の家事調停、家事審判又は判決で決まった取決めを守らない場合に裁判所の国家権力により強制的に履行させる手続をいいます。強制執行とは、強制執行機関（裁判所）の執行官や執行裁判所が債務名義（執行力の付与された調停成立調書や審判書のような公文書）に基づいて債務の履行を強制的に実現する手続をいいます。

(2)　強制執行をするには「債務名義」が必要ですが、主な債務名義には次のものがあります（民事執行法22条）。
　①　確定判決
　②　仮執行宣言を付した判決（判決確定前の仮執行を許した判決）
　③　執行証書（金銭の一定額の支払又はその他の代替物若しくは有価証券の一定数量の給付を目的とする請求について公証人が作成した公正証書で、債務者が直ちに強制執行に服する旨の陳述が記載されたもの）
　④　確定判決と同一の効力を有するもの（例えば、家事調停成立調書、家事審判の審判書、裁判上の和解調書）

(3)　家事事件の強制執行の手続には①直接強制と②間接強制とがあります。
　①　直接強制とは、権利者の申立により地方裁判所が債務者の財産（不動産、債権その他）を差し押さえて、その財産の中から満足を得るための手続をいいます。
　②　間接強制とは、債務を履行しない債務者に対し、一定の期間内に履行しなければ、その債務とは別に間接強制金を課すことを警告した決定をすることで債務者に心理的圧迫を加え、自発的な支払を促す手続をいいます。原則として、金銭の支払を目的とする債権（金銭債権）については、間接強制の手続をとることはできませんが、金銭債権の中でも、子の養育費や婚姻費用の分担金など、夫婦や親子その他の親

族関係から生ずる扶養に関する権利については、例外的に、家庭裁判所の手続によって間接強制の方法による強制執行をすることができます（民事執行法167条の15）。ただ、この制度は、直接強制のように債務者の財産を直接差し押さえるものではありませんから、間接強制の決定がなされても債務者が養育費などを自発的に支払わない場合には、養育費などの支払を得るために別に直接強制の手続をとる必要があります。債務者に支払能力がないため養育費などを支払うことができない場合には、間接強制の決定がなされない場合もあります。

　子の養育費、婚姻費用の分担金、扶養義務等に係る金銭債権について間接強制の方法によることができるのは次の義務に基づく債権に限られます（民事執行法167条の15第1項・151条の2第1項）。

　①　夫婦の協力扶助義務（民法752条）
　②　婚姻費用の分担義務（民法760条）
　③　子の監護費用の分担義務（民法766条）
　④　扶養義務（民法877条～880条）
　　扶養義務等に係る金銭債権が定期金債権（定期に一定の金銭を給付させる債権）である場合には、その一部に不履行がある場合は、その定期金債権のうち6カ月以内に確定期限が到来するものについても、一括して強制執行の申立ができます。

　子の養育費のような金銭債権についての間接強制の申立書の提出方法は次の通りです。申立書用紙は家庭裁判所の「家事手続案内」係から交付を受けます。申立書用紙は、家事審判調停申立書用紙（Q2の3の（4）参照）を使用し、事件名欄に「間接強制」と記入します。

　①　申立人は、債務名義に記載された債権者（例えば、調停成立調書、審判書、判決書に記載された債権者）となります。
　②　申立書の提出先は、調停、審判、判決等をした家庭裁判所となります。申立手数料は、1件につき収入印紙2000円分が必要ですが、そのほかに家庭裁判所の指定する種類の郵便切手も提出します。
　③　申立書の主な記載事項は次の通りです。
　　ア　債権者（申立人欄を訂正）の住所、氏名、生年月日、職業
　　イ　債務者（相手方欄を訂正）の住所、氏名、生年月日、職業

ウ 「申立の趣旨」欄には、例えば、次の記載例のように記入

(記載例)

> 1 債務者は、債権者に対し、次の金員を支払え。
>   (1) 確定期限が到来している債権　　○○万円
>   ただし、平成○年○月から平成○年○月まで1カ月○万円の養育費の未払分
>   (2) 確定期限が到来していない定期金債権　　○○万円
>   平成○年○月から平成○年○月までの6カ月の毎月末日限り○万円ずつの養育費
> 2 債務者が本決定送達の日から○日以内に前項記載の債務を履行しない場合は、債務者は、債権者に対し、上記期間経過の翌日から履行済みまで1日につき未払養育費○万円当たり○円の割合による金員を支払え。

エ 「申立の理由」欄には、例えば、次の記載例のように記入

(記載例)

> 　債権者は、債務者に対し、○○家庭裁判所平成○年(家イ)第○○号子の監護に関する処分(養育費)申立事件の執行力のある債務名義の正本(調停成立調書正本)に基づき申立の趣旨第1項の義務があるにもかかわらず、これを履行しないため、申立の趣旨第2項記載の金員の損害を被る可能性がある。よって、申立の趣旨記載の通りの裁判を求める。

④　主な添付書類には次の書類がありますが、申立書作成時に家庭裁判所に確認をしておきます。
　　ア　執行力のある債務名義の正本(例えば、調停成立調書正本、審判書正本、確定判決書正本)
　　この場合の正本とは、書記官の作成した原本と同じ効力を有する写しをいいます。執行力のある債務名義とは、家庭裁判所の強制執行ができる旨の証明となる執行文の付与を受ける必要があります。付与の

手数料は収入印紙300円分が必要ですが、付与の申立用紙も家庭裁判所で交付を受けられます。付与の申立書の提出先は、調停・審判・判決の事件記録を保存している家庭裁判所です。
(4) 家事事件の債務は金額が少ないことも多いので、強制執行の手続によると費用倒れになる場合もあることから、家事事件手続法では、家庭裁判所の履行確保の手続として履行勧告の制度を規定しています。履行勧告の手続には費用はかかりませんが、債務者が勧告に応じない場合にも支払を強制することはできません。履行勧告の手続は家庭裁判所となりますが、直接強制の強制執行手続は地方裁判所となります。

　家事調停・家事審判・判決のような債務名義を取得し強制執行の手続をしても、資産も債権も持たない者に対しては、全く無意味になります。債務名義を取得しても強制執行をしても資産を持たない者に対しては何ら役立たないのです。
(5) 強制執行の種類は、大別すると次のようになります。
　A　金銭執行
　　① 不動産執行
　　② 船舶執行
　　③ 自動車・建設機械・航空機執行
　　④ 動産執行
　　⑤ 債権及びその他の財産権に対する執行
　B　非金銭執行
　　① 不動産・動産の明渡・引渡
　　② 作為（例えば、家を建てる行為）・不作為（例えば、家を建てない行為）
　　③ 意思表示を求める請求権の執行（例えば、土地の登記に協力しない者に判決により意思表示をしたものとみなす制度）

2　強制執行の手続

(1) 強制執行の種類には上記の通り多数の種類がありますが、ここでは婚姻費用（生活費）の分担金や老親の扶養料の支払を求める給与債権や会社役員報酬債権に対する地方裁判所での強制執行（金銭執行）の例を示します。

(2) 婚姻費用（生活費）の分担金や老親の扶養料の支払を求める強制執行（金銭執行）の申立をする場合には、「債権差押命令申立書」を債務者（支払義務を負う者）の住所地の地方裁判所に提出する必要があります。申立書の記入用紙を交付している地方裁判所もありますから、電話で確認をします。申立書は受付係で確認を受けてから提出します。記載例は、次の通りです。

（記載例）

債権差押命令申立書

平成〇年〇月〇日

〇〇地方裁判所　御中

　　　　　　　　　　　　　申立債権者　　〇〇〇〇　（印）
　　　　　　　　　　　　　　　　　（電話000-000-0000）

　　当事者、請求債権、差押債権は、別紙目録の通り

　債権者は、債務者に対し、別紙請求債権目録記載の執行力ある債務名義の正本に記載された請求債権を有しているが、債務者がその支払をしないので、債務者が第三債務者に対して有する別紙差押債権目録記載の債権の差押命令を求める。

　　　　　　　　　　　添付書類
1　執行力ある債務名義の正本　　　1通
2　債務名義の送達証明書　　　　　1通
3　商業登記事項証明書　　　　　　1通

　　　　　　　　　　　　　　　　　　　　　以上

① この申立書の作り方は決まっていませんが、一般にＡ４サイズの用紙に横書き・片面印刷で作成します。パソコンを使用する場合は次の書式によります。手書きで作成する場合も、おおむね次の余白をとります。裁判所に提出する書類を作成する場合は、いずれもこの書式に

よります。
　1行の文字数　　37文字
　1頁の行数　　　26行
　文字のサイズ　　12ポイント
　上部余白　35㎜、下部余白　27㎜、左側余白　30㎜、右側余白　15㎜
② 　債務名義とは、執行力の付与された家事調停成立調書、家事審判の審判書、確定判決、和解調書のような公文書の正本（謄本の一種で権限のある公務員の作成した文書）をいいます。これらの文書には裁判所書記官の執行文（強制執行ができるという証明）が必要となります。債権者は、家庭裁判所で交付を受けた執行文付与の申立書用紙に必要事項を記入して家庭裁判所書記官に提出します。
③ 　債務名義の送達証明書とは、上記の債務名義が送達という正規の手続で債務者に交付されたことの裁判所の書記官作成の証明書をいいます。この証明を受けるには書記官への申請が必要です。
④ 　商業登記事項証明書は、給与や役員報酬を支払う会社が存在する事実を証明する書類です。添付書類として、ほかに戸籍謄本や住民票などが必要になる場合があります。
(3) 　当事者目録の記載例は次の通りです。

（記載例）

```
                        当事者目録
　〒000-0000　　○県○市○町○丁目○番○号
　　　　　　　　債権者　　　　○○○○


　　　　〒000-0000　　○県○市○町○丁目○番○号
　　　　　　　　　　　債務者　　　　○○○○


　　　　〒000-0000　　○県○市○町○丁目○番○号
　　　　　　　　　　　第三債務者　　　　○○建設株式会社
```

>   代表者代表取締役　　　〇〇〇〇
>
>   以上

① 債権者とは支払請求権を有する者をいい、債務者とは支払義務を有する者をいいます。
② 第三債務者とは債務者に対して債務（例えば、給与や役員報酬の支払債務）を有する者（例えば、会社）をいいます。

(4) 請求債権目録の記載例は次の通りです。

（記載例）

> **請求債権目録**
>
> 〇〇家庭裁判所平成〇年（家イ）第〇〇〇号婚姻費用の分担申立事件の調停成立調書正本に表示された下記金員及び執行費用
>
> 記
>
> 1　確定期限が到来している債権及び執行費用
>
> (1)　婚姻費用の分担金　　　金〇〇万円
>
> 　　ただし、平成〇年〇月分から平成〇年〇月分までの3カ月分の未払分
>
> (2)　執行費用　　　　　　　金〇〇円
>
> 　　内訳　本申立手数料　　　　　　　　　金〇〇円
> 　　　　　本申立書作成及び提出費用　　　金〇〇円
> 　　　　　差押命令送達費用　　　　　　　金〇〇円
> 　　　　　送達証明申請手数料　　　　　　金〇〇円
> 　　　　　商業登記事項証明書交付手数料　金〇〇円
>
> 2　確定期限が到来していない各定期金債権
>
> 　　調停条項第〇項記載の平成〇年〇月から婚姻期間の終了するまで、毎月末日限り金〇〇万円ずつの婚姻費用の分担金
>
> 　　　　　　　　　　　　　　　　　　　　　　　　　　以上

① 上例は、婚姻費用の分担金を毎月末日限り〇〇万円を支払う旨の調停成立調書に基づく例で、確定期限の到来している3カ月分と将来の

婚姻費用分担金の支払を求めたものです。例えば、子の養育費の支払を求める場合は、「平成○年○月から平成○年○月（債権者・債務者間の長男○○が満20歳に達する月）まで、毎月末日限り金○○万円ずつの養育費」のように記載します。
　②　執行費用の計算方法は、裁判所の書記官に確認します。
(5)　差押債権目録の記載例は次の通りです。

（記載例）

差押債権目録

1　金○○万円（別紙請求債権目録の第1項）
2　平成○年○月から婚姻期間の終了するまで、毎月末日限り、金○○万円ずつの婚姻費用の分担金（別紙請求債権目録の第2項）

　債務者（○○建設株式会社勤務）が第三債務者から支給される本命令送達日以降支払期の到来する下記債権にして、頭書1及び2の金額に満つるまで。
　ただし、頭書2の金額については、その確定期限の到来後に支払期が到来する下記債権に限る。

記

(1)　給料（基本給と諸手当。ただし、通勤手当を除く）から所得税、住民税、社会保険料を控除した残額の2分の1（ただし、前記残額が月額66万円を超えるときは、その残額から33万円を控除した金額）
(2)　賞与から(1)と同じ税金等を控除した残額の2分の1（ただし、前記残額が月額66万円を超えるときは、その残額から33万円を控除した金額）
　なお、(1)(2)により弁済しないうちに退職したときは、退職金から所得税、住民税を控除した残額の2分の1にして、(1)(2)と合計して頭書金額に満つるまで。

以上

(6)　債権差押命令申立書が地方裁判所に提出された場合には、裁判所の書

記官は、差押命令を送達するに際して、第三債務者（債務者に債務を負っている者）に対し、差押命令の送達の日から２週間以内に差押に係る債権の存否その他の事項について陳述（回答）すべき旨を催告する必要があります（民事執行法147条１項）。この陳述の催告を求める申立書の記載例は次の通りです。

（記載例）

第三債務者に対する陳述催告の申立書

平成○年○月○日

○○地方裁判所　御中

債権者　　○○○○　（印）

当事者の表示　　別紙当事者目録記載の通り

本日御庁に申し立てた上記当事者間の債権差押命令申立事件について、第三債務者に対して民事執行法第147条第１項に規定する陳述の催告をされたく申立をする。

以上

---

① 上記の当事者目録は、債権差押命令申立書の場合と同様に作成します。

② 第三債務者に対しては裁判所の書記官から回答項目の□内にレ印を付けるなどの簡単な陳述書用紙が送付されます。

(7) 金銭債権を差し押さえた債権者は、債務者に対して「債権差押命令」が送達された日から１週間経過したときは、その債権を取り立てることができます。ただし、差押債権者の債権と執行費用の額を超えて支払を受けることはできません。差押債権者は、支払を受けた場合には、直ちにその旨を裁判所に届け出る必要があります（民事執行法155条）。債権の取り立ての方法は決まっていませんが、定期的に支払う場合は、第三債務者から債権者の指定する銀行口座に振り込む方法による場合が多いのです。

3　家事事件の履行勧告と履行命令

(1)　履行勧告とは、家庭裁判所で決めた調停や審判のような取決めを守らない義務者に対して、権利者の申立により家庭裁判所が義務を履行することを勧告する制度をいいます（家事事件手続法289条）。履行勧告の申立をする場合は、権利者は、履行勧告の申立書に調停成立調書や審判書の謄本を添付して家事事件の審理をした家庭裁判所に提出します。この申立の費用は不要です。申立書が提出されると、家庭裁判所では取決めが履行されているかどうかを調査し、正当な理由なくして履行されていない場合には、義務者に対して義務を履行するように勧告をします。しかし、義務者が勧告に応じない場合でも支払を強制することはできません。強制執行の制度ではないのです。

(2)　履行命令とは、家庭裁判所の履行勧告を受けたにもかかわらず、義務を履行しない場合に家庭裁判所が義務を履行すべきことを命じる審判をいいます（家事事件手続法290条）。履行命令の申立も履行勧告の申立の場合と同様にして履行命令の申立書を家庭裁判所に提出します。ただ、金銭の支払を内容とする義務に対しては履行命令が出されますが、子の引渡義務や面会交流については履行命令は出されません。強制することができないからです。正当な理由なくして履行命令に従わない場合は、家庭裁判所は、10万円以下の過料に処することとしています。この制度も強制執行の制度ではないのです。

Q26 家事事件の審判に対する不服申立は、どうするのですか

1 家事事件の審判に対する不服申立とは

(1) 家事事件の審判に対しては、特別の定めがある場合に限り、即時抗告（不服申立）をすることができます（家事事件手続法85条1項）。特別の定めがある審判の例としては次の審判があります。家事事件手続法の「別表第一」の事件と「別表第二」の事件の中から例を示します。

① 後見開始の審判（別表第一）
② 失踪宣告の審判（別表第一）
③ 婚姻費用の分担に関する処分の審判（別表第二）
④ 子の監護に関する処分の審判（別表第二）
⑤ 財産の分与に関する処分の審判（別表第二）
⑥ 親権喪失の審判（別表第一）
⑦ 親権停止の審判（別表第一）
⑧ 管理権喪失の審判（別表第一）
⑨ 遺産分割の審判（別表第二）
⑩ 特別縁故者に対する相続財産の分与の審判（別表第一）
⑪ 氏の変更についての許可の審判（別表第一）

これらの審判に関する家庭裁判所の手続に必要な手続費用の負担の裁判に対しては、独立して即時抗告をすることはできません（家事事件手続法85条2項）。

(2) 審判に対する即時抗告（不服申立）をすることのできる期間は、特別の定めがある場合を除き、2週間以内とされています（家事事件手続法86条1項）。特別の定めの例としては原裁判所（最初の審判をした裁判所）が即時抗告を却下した審判に対する即時抗告は1週間以内とされています（家事事件手続法87条5項）。即時抗告期間は原則として2週間ですが、特別の定めにより1週間とされる場合があります。

即時抗告のできる期間の計算の起算点は、特別の定めのある場合を除き、即時抗告をする者が、①審判の告知を受ける者である場合にあっては、その者が審判の告知を受けた日から、②審判の告知を受ける者でない場合（例えば、成年後見人に選任される者）にあっては、申立人が審判の告知を受けた日（2以上ある場合は当該日のうち最も遅い日）から、それぞれ計算します（家事事件手続法86条2項）。
(3)　家事審判に対して即時抗告をすることができる者（申立人その他の即時抗告権者）は、家事事件手続法に定められた者に限られます。即時抗告ができる場合（例えば、Q26の1の(1)の場合）は家事事件手続法に規定された場合に限られます。

2　即時抗告の提起

(1)　即時抗告は、「抗告状」という書面を原裁判所（対象となる審判をした家庭裁判所）に提出する必要があります（家事事件手続法87条1項）。抗告状には、次の事項を記載する必要があります（家事事件手続法87条2項）。
　①　当事者及び法定代理人
　②　原審判の表示及びその審判に対して即時抗告をする旨
(2)　即時抗告が不適法でその不備を補正することができないことが明らかである場合は、原裁判所は、これを却下する必要があります。この却下の審判に対しては、即時抗告をすることができますが、この即時抗告は、1週間以内にする必要があります（家事事件手続法87条3項〜5項）。
(3)　審判に対する即時抗告をする場合において、抗告状に原審判の取消又は変更を求める事由の具体的な記載がない場合は、抗告人は、即時抗告の提出後14日以内に、これらを記載した書面を原裁判所に提出する必要があります（家事事件手続規則55条）。即時抗告の抗告状において、記載事項に違反がある場合や即時抗告の手数料を納付しない場合は、裁判長から補正命令がなされますが、抗告人が補正しない場合には抗告状は却下されます（家事事件手続法87条6項）。

3　即時抗告の手続

(1)　審判に対する即時抗告があった場合には、抗告裁判所（高等裁判所）は、

原審における当事者及び利害関係参加人（抗告人は除きます）に対して、抗告状の写しを送付する必要があります（家事事件手続法88条1項）。しかし、即時抗告が不適法である場合や即時抗告に理由がないことが明らかである場合には、抗告状の写しを送付しません。抗告審の手続の円滑な進行を妨げるおそれがあると認められ場合には、抗告状の送付に代えて即時抗告があったことが通知されます。写しの送付費用又はそれに代わる通知の費用の納付がない場合は、抗告状は却下されます。

(2) 原裁判所（対象となる審判をした家庭裁判所）は、審判に対する即時抗告を理由があると認める場合は、審判を更正（変更や修正）する必要があります。しかし、家事事件手続法の「別表第二」の事件についての審判については更正することはできません（家事事件手続法90条）。

(3) 抗告裁判所（高等裁判所）は、原審判を取り消す場合、原審の当事者及びその他の審判を受ける者（抗告人は除きます）の陳述を聴く必要があります。家事事件手続法の「別表第二」の事件の審判事件においては、抗告裁判所は、即時抗告が不適法である場合又は即時抗告に理由がないことが明らかな場合を除き、原審の当事者（抗告人は除きます）の陳述を聴く必要があります（家事事件手続法89条）。

(4) 抗告裁判所は、即時抗告について決定（口頭弁論を経ない裁判所の裁判）で裁判をします。抗告裁判所は、即時抗告を理由があると認める場合は、家事審判事件について自ら審判に代わる裁判をする必要があります。ただし、事件を第一審裁判所に差し戻す場合は除かれます。

4　特別抗告と許可抗告

(1) 家庭裁判所の審判で不服申立ができないもの及び高等裁判所の家事審判事件についての決定に対しては、その裁判に憲法の解釈の誤りがあることその他憲法の違反があることを理由とする場合には、最高裁判所に特別抗告をすることができます（家事事件手続法94条）。特別抗告の期間は、決定の告知を受けた日から5日間とされています。

(2) 高等裁判所の家事審判事件についての決定に対しては、特別抗告の規定による場合のほか、その高等裁判所が許可した場合に限り、最高裁判所に許可抗告をすることができます（家事事件手続法97条）。許可抗告の

期間は、決定の告知を受けた日から5日間とされています。高等裁判所は、次の場合には申立により抗告許可をする必要があり、その許可があった場合は許可抗告があったものとみなされます。
① 最高裁判所の判例と相反する判断がある場合
② 最高裁判所の判例がない場合には、大審院又は上告裁判所若しくは抗告裁判所である高等裁判所の判例と相反する判断がある場合
③ その他法令の解釈に関する重要な事項を含むと認められる場合

Q27 即時抗告の抗告状は、どのように書くのですか

1 即時抗告の抗告状の提出
(1) 即時抗告の抗告状の申立人（即時抗告権者）は、即時抗告の申立ができる家事事件ごとに家事事件手続法において定められた者となります。審判に対する即時抗告ができる場合は、法律の規定によって即時抗告ができるとされている場合に限られます。即時抗告権者は、例えば、推定相続人の廃除の却下の審判に対しては「申立人」であって、その認容の審判に対しては「廃除された推定相続人」となります。「却下」の場合と「認容」の場合とでは、不服の申立人が異なるからです。

(2) 即時抗告の申立先は高等裁判所ですが、即時抗告の抗告状の提出先は対象となる審判をした家庭裁判所（原裁判所）となります。

(3) 即時抗告の申立に必要な収入印紙額は、次の通りです。
  ① 家事事件手続法の「別表第一」の事項に関する抗告では、1,200円
  ② 家事事件手続法の「別表第二」の事項に関する抗告では、1,800円
  収入印紙のほかに提出先の家庭裁判所の指定する種類の郵便切手も提出します。

(4) 原裁判所（審判をした家庭裁判所）に提出する主な書類は次の通りです。
  ① 抗告状　　裁判所用正本1通、相手方と利害関係参加人の数の副本（正本と同じものでよい）
  ② 即時抗告の理由を証する証拠書類
  ③ 原裁判所の指定する書類（例えば、申立人や相手方の戸籍謄本）
  　最高裁判所のホームページの抗告状書式見本には「抗告状の写しは、原審における当事者及び利害関係参加人に送付されますので、あらかじめご了承ください」と記載されています。

(5) 抗告状の提出期限は、原則として抗告権者が審判の告知を受けた日の翌日から起算して2週間以内とされています。

2 抗告状の作成の仕方

(1) 抗告状の作成の仕方は決まっていませんが、最高裁判所のホームページに示されている抗告状の記載例は、一般の家事審判申立書用紙の一部を訂正して使用しています。訂正箇所には、申立人の訂正印を押印します。

(2) 最高裁判所ホームページの抗告状の記載例の「名の変更許可の申立に対する却下審判に対する即時抗告」の要点は次の通りです。次の例は、名の「春子」を「秋子」に変更することの許可申立が却下された場合です。

① 書面の表題は「抗告状」とします。
② 抗告状の宛先は、原裁判所に係る高等裁判所あてとします。
③ 抗告人の氏名の記名と押印をします。
④ 「抗告人」欄（申立人欄を訂正）に住所、氏名、生年月日を記入します。
⑤ 「抗告の趣旨」欄（申立を抗告に訂正）は次の記載例のように記入します。

「1　原審判を取り消す。
　2　抗告人の名「春子」を「秋子」に変更することを許可する。
との審判に代わる裁判を求める。」

⑥ 「抗告の理由」欄（申立を抗告に訂正）は次の記載例のように記入します。

「1　抗告人は、○○家庭裁判所平成○年（家）第○○号名の変更許可事件につき平成○年○月○日に「1　本件申立を却下する。2　手続費用は申立人の負担とする」との審判を受けた。
　2　　　　　（中略）
　4　よって、抗告の趣旨記載の通りの裁判を求めるため即時抗告の申立をする。」

(3) 最高裁判所ホームページの抗告状の記載例の「子の養育費請求事件の認容審判に対する即時抗告」の要点は次の通りです。次の例は、子の養育費は一応認容されたものの、計算方法や金額に不服のある場合の抗告状です。

① 書面の表題は「抗告状」とします。

② 抗告状の宛先は、原裁判所に係る高等裁判所あてとします。
③ 抗告人の氏名の記名と押印をします。
④ 「抗告人」欄に住所、氏名、生年月日を記入します。
⑤ 「相手方」欄に住所、氏名、生年月日を記入します。
⑥ 「未成年者」欄に住所、氏名、生年月日を記入します。
⑦ 「抗告の趣旨」欄は次の記載例のように記入します。

「1　原審判を取り消す。
　2　相手方は、抗告人に対し、平成○年○月○日から未成年者が満20歳に達する月まで毎月末日限り、金○万円ずつを支払え。
との審判に代わる裁判を求める。」

⑧ 「抗告の理由」欄は次の記載例のように記入します。

「1　抗告人及び相手方は、○○家庭裁判所平成○年（家）第○○号子の監護に関する処分（養育費請求）申立事件につき、平成○年○月○日に「1　相手方は、申立人に対し、平成○年○月から未成年者が満20歳に達する月まで毎月末日限り、金○万円ずつを支払え。　2　手続費用は各自の負担とする」との審判を受けた。
　2　　　（中略）
　4　よって、抗告の趣旨通りの裁判を求めるため即時抗告の申立をする。」

3　特別抗告、許可抗告、再審

(1) 即時抗告に対する高等裁判所の裁判に不服がある場合は、最高裁判所に特別抗告をすることができますが、高等裁判所の裁判に憲法の解釈に誤りがあることその他憲法の違反があることを理由とする場合に限られます（家事事件手続法94条）。

更に、許可抗告の制度として高等裁判所の裁判が最高裁判所の判例（これがない場合は、大審院又は上告裁判所若しくは抗告裁判所である高等裁判所の判例）と相反する判断がある場合その他の法令の解釈に関する重要な事項を含むと認められる場合に、抗告裁判所である高等裁判所が許可した場合には、最高裁判所に特に抗告をすることができます（家事事件手続法97条）。

(2)　再審の制度として、確定した審判その他の裁判について家事事件手続法に規定する再審事由（民事訴訟法338条の再審事由を準用）がある場合には再審の申立をすることができます（家事事件手続法103条）。例えば、何の関係もない他人が親子関係不存在確認の申立をして審判が確定したような場合です。このような場合は「再審申立書」を当該審判をした家庭裁判所に提出しますが、申立期間は、再審事由を知った時から30日以内又は審判確定後5年以内とされています。再審申立書用紙も一般の家事審判申立書用紙と同様の書式で上例の場合なら「申立の趣旨」欄に「○○家庭裁判所平成○年（家イ）第○○号親子関係不存在確認調停申立事件の確定審判を取り消す、との審判を求める」のように記入します。

Q28
家事審判の後に事情の変更があった場合は、どうするのですか

1 家事審判の取消と変更

(1) 家庭裁判所は、即時抗告をすることができない事件について、審判によって決定した権利や法律関係が不当であることが審判後に明らかになった場合には、申立により又は家庭裁判所の職権で、当該審判を取り消し又は変更することができるとしています。家事事件手続法78条1項は次の通り規定しています。

「家庭裁判所は、審判をした後、その審判を不当と認めるときは、次に掲げる審判を除き、職権で、これを取り消し、又は変更することができる。

一 申立によってのみ審判をすべき場合において申立を却下した審判
二 即時抗告をすることができる審判」

上記の「不当と認めるとき」には、審判後に生じた事情の変更も含まれます。例えば、老親に長男A、二男B、三男Cがいる場合に、老親の扶養請求審判で会社経営をしている長男Aが老親を扶養する審判が確定した1年後に、長男Aの会社が倒産して無一文になって老親の扶養が不可能となった場合は、長男Aは、事情の変更を理由として、扶養の審判の取消又は変更の申立をすることができます。民法でも、以下に述べる通り、事情の変更による審判の取消又は変更を認めています。

(2) 民法880条では、「扶養をすべき者若しくは扶養を受けるべき者の順序又は扶養の程度若しくは方法について協議又は審判があった後、事情に変更を生じたときは、家庭裁判所は、その協議又は審判の変更又は取消をすることができる」としています。

(3) 民法877条3項では、「前項の規定による審判（3親等内の親族に扶養義務を負わせる審判）があった後、事情に変更を生じたときは、家庭裁判所は、その審判を取り消すことができる」としています。

(4) 民法819条6項では、親権者の変更について「子の利益のため必要があると認めるときは、家庭裁判所は、子の親族の請求によって、親権者を他の一方に変更することができる」としています。

(5) 民法766条3項では、「家庭裁判所は、必要があると認めるときは、前2項の規定による定め（子の監護者、面会交流、養育費その他）を変更し、その他子の監護について相当な処分を命ずることができる」としています。

(6) 民法10条では、後見開始の審判（Q14の3参照）があった後、その原因が消滅した場合は、家庭裁判所は、本人、配偶者、4親等内の親族その他の法定の者からの請求により審判を取り消す必要があるとしています。

(7) 民法14条1項では、保佐開始の審判（Q14の3参照）があった後、その原因が消滅した場合は、家庭裁判所は、本人、配偶者、4親等内の親族その他の法定の者からの請求により審判を取り消す必要があるとしています。

(8) 民法18条1項では、補助開始の審判（Q14の3参照）があった後、その原因が消滅した場合は、家庭裁判所は、本人、配偶者、4親等内の親族その他の法定の者からの請求により審判を取り消す必要があるとしています。

(8) 民法32条1項では、失踪者が生存すること又は失踪宣告の効果が生ずる時点と異なる時に死亡したことの証明があった場合は、家庭裁判所は、失踪宣告を取り消す必要があるとしています。

2 審判の取消又は変更の申立

(1) 家庭裁判所は、即時抗告のできない事件について、審判が当初から不当である場合又は事情の変更によって不当となった場合には、申立により又は家庭裁判所の職権で、当該審判を取り消し又は変更することができます（家事事件手続法78条）。この取消又は変更の申立は、別個の新たな手続ではなく、同一審判手続の継続として付随的になされるものです。

(2) 申立書用紙は、一般の「家事審判申立書」用紙を使用し、事件名の欄には「審判の取消」又は「審判の変更」のように記入します。申立書の

提出先は、当該審判をした家庭裁判所となります。申立の手数料の収入印紙は不要ですが、家庭裁判所の指定する種類の郵便切手を提出する必要があります。

(3) 添付書類は、当該審判が当初から不当であったこと又はその後の事情の変更により不当となったことを証する書類を添付します。そのほかに提出先の家庭裁判所の指定する書類（例えば、戸籍謄本）を添付します。

(4) 審判の取消又は変更の申立の制限として、①申立によってのみ審判をすべき場合において申立を却下した審判に対しては、当該申立人の申立がなければ取消又は変更をすることできません。②即時抗告をすることのできる審判は、抗告期間の経過により又は抗告審の裁判により確定しますから同一手続内で取消又は変更をすることはできません。上記2の(1)の理由により、①については、申立なしに審判できることとなり不当であって、②については、不服申立の方法を即時抗告に限定した趣旨が失われるからです。

　婚姻費用の分担、養育費のような継続的法律関係を形成する審判は、原則として確定後に事情の変更が生じても取消又は変更はできませんが、審判の基礎的事実関係に変更を生じた場合（例えば、支払義務者の破産）は、事情変更を理由に審判の取消又は変更が認められます。

附録●

附録 1
家事事件手続法の「別表第一」

1 成年後見
1 後見開始（民法7条）
2 後見開始の審判の取消（民法10条・19条）
3 成年後見人の選任（民法843条）
4 成年後見人の辞任についての許可（民法844条）
5 成年後見人の解任（民法846条）
6 成年後見監督人の選任（民法849条）
7 成年後見監督人の辞任についての許可（民法852条・844条）
8 成年後見監督人の解任（民法852条・846条）
9 成年後見に関する財産の目録の作成の期間の伸長（民法853条1項但書）
10 成年後見人又は成年後見監督人の権限の行使についての定め及びその取消（民法859条の2第1項・第2項）
11 成年被後見人の居住用不動産の処分についての許可（民法859条の3）
12 成年被後見人に関する特別代理人の選任（民法860条・826条）
13 成年後見人又は成年後見監督人に対する報酬の付与（民法862条）
14 成年後見の事務の監督（民法863条）
15 第三者が成年被後見人に与えた財産の管理に関する処分（民法869条）
16 成年後見に関する管理の計算の期間の伸長（民法870条但書）

2 保佐
17 保佐開始（民法11条）
18 保佐人の同意を得なければならない行為の定め（民法13条2項）
19 保佐人の同意に代わる許可（民法13条3項）
20 保佐開始の審判の取消（民法14条1項・19条1項）
21 保佐人の同意を得なければならない行為の定めの審判の取消（民法14条2項）

22 保佐人の選任（民法876条の2第1項・第2項）

23 保佐人の辞任についての許可（民法876条の2第2項）

24 保佐人の解任（民法867条の2第2項）

25 臨時保佐人の選任（民法876条の2第3項）

26 保佐監督人の選任（民法876条の3第1項）

27 保佐監督人の辞任についての許可（民法876条の3第2項）

28 保佐監督人の解任（民法876条の3第2項）

29 保佐人又は保佐監督人の権限の行使についての定め又はその取消（民法876条の3第2項・876条の5第2項）

30 被保佐人の居住用不動産の処分についての許可（民法876条の3第2項・876条の5第2項）

31 保佐人又は保佐監督人に対する報酬の付与（民法876条の3第2項・876条の5第2項）

32 保佐人に対する代理権の付与（民法876条の4第1項）

33 保佐人に対する代理権の付与の審判の取消（民法876条の4第3項）

34 保佐の事務の監督（民法876条の5第2項）

35 保佐に関する管理の計算の期間の伸長（民法876条の5第3項）

3　補助

36 補助開始（民法15条1項）

37 補助人の同意を得なければならない行為の定め（民法17条1項）

38 補助人の同意に代わる許可（民法17条3項）

39 補助開始の審判の取消（民法18条1項・3項、19条1項）

40 補助人の同意を得なければならない行為の定めの審判の取消（民法18条2項）

41 補助人の選任（民法876条の7第1項・第2項）

42 補助人の辞任についての許可（民法876条の7第2項）

43 補助人の解任（民法876条の7第2項）

44 臨時補助人の選任（民法876条の7第3項）

45 補助監督人の選任（民法876条の8第1項）

46 補助監督人の辞任についての許可（民法876条の8第2項）

47 補助監督人の解任（民法876条の8第2項）

48 補助人又は補助監督人の権限の行使についての定め及びその取消（民法876条の8第2項、876条の10第1項）

49 被補助人の居住用不動産の処分についての許可（民法876条の8第2項、876条の10第1項）

50 補助人又は補助監督人に対する報酬の付与（民法876条の8第2項、876条の10第1項）

51 補助人に対する代理権の付与（民法876条の9第1項）

52 補助人に対する代理権の付与の審判の取消（民法876条の9第2項）

53 補助の事務の監督（民法876条の10第1項）

54 補助に関する管理の計算の期間の伸長（民法876条の10第2項）

4 不在者の財産の管理

55 不在者の財産の管理に関する処分（民法25条〜29条）

5 失踪の宣告

56 失踪の宣告（民法30条）

57 失踪の宣告の取消（民法32条1項）

6 婚姻等

58 夫婦財産契約による財産の管理者の変更等（民法758条2項・3項）

7 親子

59 嫡出否認の訴えの特別代理人の選任（民法775条）

60 子の氏の変更についての許可（民法791条1項・3項）

61 養子縁組をするについての許可（民法794条・798条）

62 死後離縁をするについての許可（民法811条6項）

63 特別養子縁組の成立（民法817条の2）

64 特別養子縁組の離縁（民法817条の10第1項）

8 親権

65 子に対する特別代理人の選任（民法826条）

66 第三者が子に与えた財産の管理に関する処分（民法830条2項〜4項）

67 親権喪失、親権停止又は管理権喪失（民法834条・835条）

68 親権喪失、親権停止又は管理権喪失の審判の取消（民法836条）

69 親権又は管理権を辞し、又は回復するについての許可（民法837条）

9 未成年後見

70 養子の離縁後に未成年後見人となるべき者の選任（民法811条5項）
71 未成年後見人の選任（民法840条1項・2項）
72 未成年後見人の辞任についての許可（民法844条）
73 未成年後見人の解任（民法846条）
74 未成年後見監督人の選任（民法849条）
75 未成年後見監督人の辞任についての許可（民法852条）
76 未成年後見監督人の解任（民法852条）
77 未成年後見に関する財産目録の作成の期間の伸長（民法853条1項但書）
78 未成年後見人又は未成年後見監督人の権限の行使についての定め及びその取消（民法857条の2第2項〜第4項）
79 未成年被後見人に関する特別代理人の選任（民法860条）
80 未成年後見人又は未成年後見監督人に対する報酬の付与（民法862条）
81 未成年後見の事務の監督（民法863条）
82 第三者が未成年被後見人に与えた財産の管理に関する処分（民法869条）
83 未成年後見に関する管理の計算の期間の伸長（民法870条但書）

10 扶養
84 扶養義務の設定（民法877条2項）
85 扶養義務の設定の取消（民法877条3項）

11 推定相続人の廃除
86 推定相続人の廃除（民法892条・893条）
87 推定相続人の廃除の審判の取消（民法894条）
88 推定相続人の廃除の審判又はその取消の審判の確定前の遺産の管理に関する処分（民法895条）

12 相続の承認及び放棄
89 相続の承認又は放棄をすべき期間の伸長（民法915条1項但書）
90 相続財産の保存又は管理に関する処分（民法918条2項・3項）
91 限定承認又は相続の放棄の取消の申述の受理（民法919条4項）
92 限定承認の申述の受理（民法924条）
93 限定承認の場合における鑑定人の選任（民法930条2項、932条但書）

94 限定承認を受理した場合における相続財産の管理人の選任（民法936条1項）

95 相続の放棄の申述の受理（民法938条）

13 財産分離

96 財産分離（民法941条1項、950条1項）

97 財産分離の請求後の相続財産の管理に関する処分（民法943条）

98 財産分離の場合における鑑定人の選任（民法947条3項、950条2項）

14 相続人の不存在

99 相続人の不存在の場合における相続財産の管理に関する処分（民法952条・953条・958条）

100 相続人の不存在の場合における鑑定人の選任（民法957条2項）

101 特別縁故者に対する相続財産の分与（民法958条の3第1項）

15 遺言

102 遺言の確認（民法976条4項、979条3項）

103 遺言書の検認（民法1004条1項）

104 遺言執行者の選任（民法1010条）

105 遺言執行者に対する報酬の付与（民法1018条1項）

106 遺言執行者の解任（民法1019条1項）

107 遺言執行者の辞任についての許可（民法1019条2項）

108 負担付遺贈に係る遺言の取消（民法1027条）

16 遺留分

109 遺留分を算定する場合における鑑定人の選任（民法1029条2項）

110 遺留分の放棄についての許可（民法1043条1項）

17 任意後見契約法

111 任意後見契約の効力を発生させるための任意後見監督人の選任（任意後見契約法4条1項）

112 任意後見監督人が欠けた場合における任意後見監督人の選任（任意後見契約法4条4項）

113 任意後見監督人を更に選任する場合における任意後見監督人の選任（任意後見契約法4条5項）

114 後見開始の審判等の取消（任意後見契約法4条2項）

115　任意後見監督人の職務に関する処分（任意後見契約法7条3項）
　　　116　任意後見監督人の辞任についての許可（任意後見契約法7条4項）
　　　117　任意後見監督人の解任（任意後見契約法7条4項）
　　　118　任意後見監督人の権限の行使についての定め及びその取消（任意後見契約法7条4項）
　　　119　任意後見監督人に対する報酬の付与（任意後見契約法7条4項）
　　　120　任意後見人の解任（任意後見契約法8条）
　　　121　任意後見契約の解除についての許可（任意後見契約法9条2項）

18　戸籍法
　　　122　氏又は名の変更についての許可（戸籍法107条1項）
　　　123　就籍許可（戸籍法110条1項）
　　　124　戸籍の訂正についての許可（戸籍法113条・114条）
　　　125　戸籍事件についての市町村長の処分にたいする不服（戸籍法121条）

19　性同一性障害者の性別の取扱いの特例に関する法律
　　　126　性別の取扱いの変更（性同一性障害者の性別の取扱いの特例に関する法律3条1項）

20　児童福祉法
　　　127　都道府県の措置についての承認（児童福祉法28条1項1号・2号但書）
　　　128　都道府県の措置の期間の更新についての証人（児童福祉法28条2項但書）

21　生活保護法等
　　　129　施設への入所等についての許可（生活保護法30条3項）

22　心神喪失等の状態で重大な他害行為を行った者の医療及び観察等に関する法律
　　　130　保護者の順位の変更及び保護者の選任（心神喪失等の状態で重大な他害行為を行った者の医療及び観察等に関する法律23条の2第2項但書・同項4号）

23　破産法
　　　131　破産手続が開始された場合における夫婦財産契約による財産の管理者の変更等（破産法61条1項）
　　　132　親権を行う者につき破産手続が開始された場合における管理権喪失（破産法61条1項）

133　破産手続における相続の放棄の承認についての申述の受理（破産法238条2項）

24　中小企業における経営の承継の円滑化に関する法律
134　遺留分の算定に係る合意についての許可（中小企業における経営の承継の円滑化に関する法律8条1項）

附録2
家事事件手続法の「別表第二」

1 婚姻等
    1 夫婦間の協力扶助に関する処分（民法752条）
    2 婚姻費用の分担に関する処分（民法760条）
    3 子の監護に関する処分（民法766条2項・3項）
    4 財産の分与に関する処分（民法768条2項）
    5 離婚等の場合における祭具等の所有権の承継者の指定（民法769条2項）
2 親子
    6 離縁等の場合における祭具等の所有権の承継者の指定（民法808条2項、817条）
3 親権
    7 養子の離縁後に親権者となるべき者の指定（民法811条4項）
    8 親権者の指定又は変更（民法819条5項・6項）
4 扶養
    9 扶養の順位の決定及びその決定の変更又は取消（民法878条・880条）
    10 扶養の程度又は方法についての決定及びその決定の変更又は取消（民法879条・880条）
5 相続
    11 相続の場合における祭具等の所有権の承継者の指定（民法897条2項）
6 遺産の分割
    12 遺産の分割（民法907条2項）
    13 遺産の分割の禁止（民法907条3項）
    14 寄与分を定める処分（民法904条の2第2項）
7 厚生年金保険法等
    15 請求すべき按分割合に関する処分（厚生年金保険法78条の2第2項ほか）
8 生活保護法等
    16 扶養義務者の負担すべき費用額の確定（生活保護法77条2項）

[著者略歴]

矢野　輝雄（やの　てるお）

1960年、NHK(日本放送協会)入局、元NHKマネージング・ディレクター。元NHK文化センター講師。現在、矢野行政書士事務所長

主な著書：「本人訴訟ハンドブック～知識ゼロからの裁判所利用術～」「ひとりでできる行政監視マニュアル」「生活保護獲得ガイド」「定年からの生活マニュアル」「刑事事件お助けガイド」「介護保険活用ガイド」「配偶者暴力対策ガイド」「欠陥住宅をつかまない法」「欠陥住宅被害・対応マニュアル」「あきれる裁判と裁判員制度」(以上、緑風出版)、「あなたのための法律相談・相続遺言」「あなたのための法律相談・離婚」(以上、新水社)、「いじめ・体罰・校内暴力～保護者の法的対応マニュアル」「ひとり暮らしの老後に備える」(以上、信山社)、「特許ノウハウ実施契約Q&A」「知的財産権の考え方・活かし方Q&A」(以上、オーム社)、ほか

連絡先　矢野事務所　電話 087-834-3808

家事事件手続ハンドブック
～家庭裁判所利用術～

2015年3月10日 初版第1刷発行　　　定価2000円＋税

著　者　矢野輝雄 ©
発行者　高須次郎
発行所　緑風出版
　　　　〒113-0033　東京都文京区本郷2-17-5　ツイン壱岐坂
　　　　［電話］03-3812-9420　［FAX］03-3812-7262　［郵便振替］00100-9-30776
　　　　［E-mail］info@ryokufu.com　［URL］http://www.ryokufu.com/

装　幀　斎藤あかね　　　イラスト　Nozu
制　作　R企画　　　　　印　刷　中央精版印刷・巣鴨美術印刷
製　本　中央精版印刷　　用　紙　大宝紙業・中央精版印刷　　E 1200

〈検印廃止〉乱丁・落丁は送料小社負担でお取り替えします。
本書の無断複写（コピー）は著作権法上の例外を除き禁じられています。なお、複写など著作物の利用などのお問い合わせは日本出版著作権協会（03-3812-9424）までお願いいたします。
Teruo YANO© Printed in Japan　　ISBN978-4-8461-1502-9　C 0032

JPCA 日本出版著作権協会
http://www.e-jpca.jp.net/

＊本書は日本出版著作権協会（JPCA）が委託管理する著作物です。
本書の無断複写などは著作権法上での例外を除き禁じられています。複写（コピー）・複製、その他著作物の利用については事前に日本出版著作権協会（電話03-3812-9424, e-mail:info@e-jpca.jp.net）の許諾を得てください。

◎緑風出版の本

- 全国のどの書店でもご購入いただけます。
- 店頭にない場合は、なるべく書店を通じてご注文ください。
- 表示価格には消費税が加算されます。

刑事事件お助けガイド
矢野輝雄著　A5判並製　二三〇頁　2200円

告訴・告発のしかたから起訴後まで、刑事手続きの仕組み、そこでの対応法や問題点、また、新たに導入された裁判員制度とその問題点も解説。被疑者やその家族の立場から、まさかの時の刑事事件、これさえあれば、大丈夫です。

ひとりでできる 行政監視マニュアル
矢野輝雄著　A5判並製　二六〇頁　2200円

税金の無駄遣いの監視等は、各自治体の監査委員や議会がすべきだが、「眠る議会と死んだ監査委員」といわれ、何も監視しない状況が続いている。本書は、市民がひとりでもできるように、ていねいに様々な監視手法を説明。

本人訴訟ハンドブック
矢野輝雄著　A5判並製　二三六頁　2200円

民事訴訟は、裁判所を活用し自分の権利を実現する方法です。民事訴訟は大体のルールが分かれば、誰でも本人訴訟が可能です。本書は、法律知識がない人でも自信をもって訴訟を進められるように、丁寧に解説しています。

絶対に訴えてやる！
――訴えるための知識とノウハウ
矢野輝雄著　A5判並製　一八八頁　1900円

「絶対に訴えてやる！」と思った時一人で裁判にもちこむことも可能。本書は民事訴訟、家事事件や告訴、告発までの必要な理論と書式、手続をわかりやすく解説すると共に、マニュアルとして利用可能。手許に置くべき1冊だ。

自動車事故・対応マニュアル
矢野輝雄著　A5判並製　一八八頁　1900円

交通事故による死傷者数は一〇〇万人を超え、検挙者数も増大している。本書は、被害者、加害者双方の立場から、交通事故や保険の基礎知識の他、事故発生時から損害賠償の最終的解決に至るまでのすべての対応を詳しく解説。